全国统计教材编审委员会“十一五”规划教材

市场调查与预测
—— 学习指导与习题

★ 叶祥凤 主编 谭斌 蒋志华 副主编

中国统计出版社
China Statistics Press

(京)新登字 041 号

图书在版编目(CIP)数据

市场调查与预测学习指导与习题/叶祥凤主编.
—北京:中国统计出版社,2009.1
全国统计教材编审委员会"十一五"规划教材
ISBN 978—7—5037—5593—4

Ⅰ.市…
Ⅱ.叶…
Ⅲ.①市场—调查—高等学校—教学参考资料
②市场预测—高等学校—教学参考资料
Ⅳ. F713.5

中国版本图书馆 CIP 数据核字(2009)第 010871 号

市场调查与预测学习指导与习题

作　　者/叶祥凤
责任编辑/陈悟朝　张　赏
装帧设计/艺编广告
出版发行/中国统计出版社
通信地址/北京市西城区月坛南街 57 号　邮政编码/100826
办公地址/北京市丰台区西三环南路甲 6 号
网　　址/www.stats.gov.cn/tjshujia
电　　话/邮购(010)63376907　书店(010)68783172
印　　刷/河北天普润印刷厂
经　　销/新华书店
开　　本/787×1092mm　1/18
字　　数/180 千字
印　　张/13
印　　数/1—3000 册
版　　别/2009 年 2 月第 1 版
版　　次/2009 年 2 月第 1 次印刷
书　　号/ISBN 978—7—5037—5593—4/F·2815
定　　价/16.00 元

出版说明

“十一五”时期是继续深化教育改革、加强素质教育、努力建设有利于创新型科技人才成长的教育培训体系的关键时期。为了更好地培育统计创新型科技人才，适应统计教育培训的新形势，全国统计教材编审委员会制定了《“十一五”全国统计教材建设规划》(以下简称规划)。规划坚持“以人为本”的科学发展观，坚持统计教育与实践相结合，坚持统计教育同国际接轨，坚持培养创新型统计人才的指导思想，编写符合国民经济发展需要和统计事业发展需要的统计教材。

这批教材是在深入分析统计教育形势和统计教材建设发展状况，总结多年来统计教材建设经验的基础上，本着以建设本科统计教材为主的方针，积极探索研究生层次的统计教材，力争使规划统计教材的编写做到层次分明，有针对性和实用性。建设精品教材，是编委会自成立以来就孜孜以求的目标。考虑到统计教材建设的实际情况，“十一五”期间，本科教材主要以修订为主，对以往规划统计教材中使用面广、得到广大教师和学生普遍认可的教材组织了修订。修订后的教材，淘汰了过时的内容和例子，增加了计算机操作和大量的案例，编写手法也做了一定的调整，在实用性、可操作性等方面有了较大的改进。

近年来，我国现代化建设快速发展，高等教育规模持续扩大，尤其是研究生教育规模的扩大，使得高等学校研究生统计教学工作面临着许多新情况、新问题，任务艰巨。因此，必须坚持科学发展观，在规模持续发展的同时，把提高研究生统计教学质量放在突出的位置，培养全面发展的创新型的统计人才。教材是统计教学的载体，建设高质量的研究生层次的统计教材是统计教育发展的需要。因此，编委会在“十一五”期间对研究生的统计基础课教材做了些有益的探索。根据《规划》的要求，这批教材主要采取招标和邀请的方式组织有关院校的专家、学者编写。

值得特别提出的是，在这批教材中，有《非参数统计》、《概率论与数理统计》、《经济计量学教程》、《医学统计》、《应用时间序列分析》、《多元统计分析》、《统计学》、《现代指数理论》、《现代金融投资统计分析》9种教材入选国家教育部组织编写的“普通高等教育‘十一五’国家级规划教材”，更加充实和完善了“十一五”期间统计教材的建设。

为了便于教学和学习，这批教材里面包含了与之相配套的《学习指导与习题》，使得这批教材在编辑出版上形成了比较完整的体系。我们相信，这批教材的出版和发行，对于推动我国统计教育改革，加快我国统计教材体系和教材内容更新、改造的步伐，打造精品教材，都将起到积极的促进作用。

限于水平和经验，这批教材的编审、出版工作还会有缺点和不足，诚恳欢迎教材的使用单位、广大教师和同学们提出批评和建议。

全国统计教材编审委员会

2006年6月

前言

本书是国家统计局统计教育中心和中国统计出版社组织编写的全国统计教材编审委员会“十一五”全国统计规划系列教材之一，是中国统计出版社出版的《市场调查与预测》（蒋志华教授主编）的配套教学指导书。

《市场调查与预测》是一门实用性很强的课程。为了进一步深化课程改革，促进提高教学质量，更好地指导和帮助学生学好本课程，掌握扎实的基础理论，并有助于培养和形成学生的调研实战能力，在中国统计出版社的支持下，借重新编写《市场调查与预测》教材的时机，配套推出《市场调查与预测学习指导与习题》。本书适用于全国普通高等院校财经类专业的必修课和其他相关专业的选修课教学用书。也可作为经济管理人员的培训教材以及各类成人教育的学习参考用书，又可作为市场调研人员必备的工作指南。

本书是学生学习市场调查知识的好帮手，是教师进行教学的必要参考。本着“以教材为主线，服务于教学，指导学生实践”的原则，本书各章节遵循的编写纲要如下：一是指点迷津，主要指出本章的学习目的与要求、本章重点、本章难点以及其他有关说明的问题；二是脉络框架，通过简明清晰的脉络框架图，介绍分析本章的知识体系构成；三是习题练兵，提供与教材章节配套的各类型的习题和参考答案；四是案例精粹，以教材章节需要为出发点，精心选择案例，用案例贯穿章节的理论知识体系，达到帮助学生进行实战演练的目的。

本书的编写突出“三新”的特点：一是编写体系新，本书的编写体系借鉴了国内统计教材及教学指导书的编写经验，充实了“指点迷津”和“案例精粹”两大部分内容，切实服务于教学；二是编写内容新，由于本书是与教材配套编写的，凡教材内容有所更新之处，在本书中能够充分体现；三是实战指导新，为了突出实战性和指导性，本书的习题练兵配有参考答案，同时，根据教材需要，本书在第二、三、四、五、六、七、八、十二章增加了案例精粹及参考答案，从教学实战演练的角度进行案例采编。总体上说，本书是一本实用、好用的辅助用书，也能在教学实训中发挥指导实践的重要作用。

本书主编叶祥凤，副主编谭斌、蒋志华。全书共十二章，各章编写分工如下：第一章，谭斌副教授（新疆石河子大学）；第二章，冯利英教授（内蒙古财经学院）；第三章，叶祥凤副教授、徐琼梅讲师（成都信息工程学院）；第四章，单艺斌教授、李颖讲师（大连大学女子学院）；第五章，王爽讲师（大连大学女子学院）；第六章，蒋志华教授、岳大波讲师（成都信息工程学院）；第七章，丛日玉讲师（成都信息工程学院）；第八章，苏永明教授（山东工商学院）；第九章，蒋志华教授、邹永红讲师（成都信息工程学院）；第十章、第十一章，蒋志华教授、孙艳玲副教授（成都信息工程学院）；第十二章，杨诚教授（成都信息工程学院）。全书最后由叶祥凤副教授统编定稿。

本书的编订得到了国家统计局统计教育中心、中国统计出版社教材编辑部、中国统计出版社发行部和成都信息工程学院领导的指导和支持，在此表示衷心的感谢！

由于编写时间紧迫，本书或有不足在所难免，期待读者给予批评指正，便于我们不断修改、完善和提高。

叶祥凤

2008 年 10 月

目录

目录

第一章

市场调查概述

指点迷津

一、学习目的与要求

本章要求了解市场调查的历史与现状，认识市场市场调查的涵义与作用，掌握市场调查的类型与实用领域、市场调查的原则与步骤，了解市场调查机构及其职能、市场调查人员的选择与培训的基本要求。

二、本章重点

1. 市场市场调查的涵义与作用
2. 市场调查的类型与实用领域、市场调查的原则与步骤

脉络框架

（见下页。）

习题练兵

一、名词解释

1. 市场调查　　2. 描述性调查　　3. 因果性调查
4. 探测性调查　　5. 预测性调查　　6. 市场调查机构

- 市场调查概述
  - 市场调查的历史与现状
    - 简单商品生产中的市场调查
    - 资本主义商品经济中的市场调查
    - 中国市场调查发展简介
  - 市场调查的涵义与作用
    - 市场调查的涵义和特点
      - 市场调查的涵义
      - 市场调查的特点
        - 系统性
        - 全过程性
        - 不确定性
        - 客观性
        - 时效性
    - 市场调查的作用
  - 市场调查的类型与实用领域
    - 市场调查的类型
      - 描述性调查
      - 因果性调查
      - 探测性调查
      - 预测性调查
    - 实用领域
      - 市场环境调查
      - 市场需求调查
      - 市场营销活动调查
      - 产品调查
      - 消费者购买力调查
      - 广告效果调查
  - 市场调查的原则与步骤
    - 市场调查的原则
      - 时效性原则
      - 准确性原则
      - 全面性原则
      - 科学性原则
      - 费——效性原则
    - 市场调查的一般程序
      - 市场调查准备阶段
      - 市场调查实施阶段
      - 市场调查总结阶段
        - 处理和分析资料的阶段
        - 撰写调查报告的阶段
        - 信息咨询服务阶段
  - 市场调查机构和人员
    - 市场调查机构的涵义及类型
    - 企业市场调查机构
    - 专业市场调查机构
    - 市场调查人员的选择与培训

二、填空题

1. 市场调查的目的性，即市场调查是为了找出市场发展变化的______，向用户提供__________。

2. 市场调查的系统性。即市场调查的每个阶段都要制定______的计划。

3. 市场调查的全过程性。即市场调查是信息______、______、______和______的过程。

4. 市场调查的不确定性。即市场调查所掌握的信息并不一定绝对______、______。

5. 市场调查的时效性。即市场调查应在用户对信息需求的__________完成，并提供给用户。

6. 市场调查的类型主要可分为：描述性调查、__________、__________、预测性调查。

7. 市场环境调查主要包括：__________、经济环境调查、__________。

8. 市场需求调查是市场调查中最基本的内容，它包括消费__________、消费结构调查、__________等内容。

9. 市场营销活动调查主要包括竞争对手调查、__________、________和促销渠道调查等。

10. 一般来说，市场调查的过程可分为如下几个阶段：__________（市场调查的准备阶段）、__________、市场调查的总结阶段。

三、多项选择题

1. 市场调查的目的主要包括（ ）

   A. 正确认识社会，对之进行有效的管理

   B. 了解国情国力和社会、政治、文化等各方面的情况

   C. 了解市场需求，来制定营销计划

   D. 为决策服务

   E. 收集感兴趣的指标信息

2. 简单商品生产中的市场调查具有（ ）

   A. 幼稚的色彩　　B. 成熟的特点

   C. 现代的趋势　　D. 先进的特点

   E. 完善的特点

3. 市场调查作为一门科学是上个世纪初从（ ）逐步发展起来的。

A. 美国　　B. 英国
C. 日本　　D. 中国
E. 法国

4. 市场调研的最终目的是为有关部门和企业进行有关(　)提供科学的依据。

A. 科学研究　　B. 预测和决策
C. 员工管理　　D. 财务决算
E. 设备管理

5. 调查工作的第一步应该是(　)

A. 做好调查前的准备工作　　B. 确定调查的目标和内容
C. 有一支好的调查队伍　　D. 明确向谁作调查
E. 确定合适的调查地点

6. 市场调查的原则是:(　)

A. 时效性　　B. 准确性
C. 全面性　　D. 科学性
E. 费用——效益性

7. 按市场调查的客观要求,作为一个合格的调查员,应该具备相应的三个基本素质是:(　)

A. 思想品德素质　　B. 业务素质
C. 身体素质　　D. 精神素质
E. 政治素质

8. 市场调查和统计的关系是:(　)

A. 分别为两门独立的科学
B. 调查作为科学,是统计学的一个分支
C. 调查作为实践,是统计工作的一个有机的组成部分
D. 调查工作中的定量分析方法主要是统计方法
E. 调查得到的数据是统计工作的基础

9. 市场调查对操作实施人员的培训以在职业务培训为主,主要包括:(　)

A. 书面训练　　B. 口头训练
C. 模拟实践训练　　D. 在实际调查中培训
E. 调查完成后培训

10. 市场调查人员培训的基本内容主要有:(　)

A. 政策法规培训　　B. 规章制度培训

C. 访问技巧培训　　D. 基本要求培训

E. 项目专门培训

11. 某公司总经理从媒体报道中发现，该公司在市场销售中，其占有的份额在减少，他需要采取的措施首先应该是（ ）

A. 增加投入，扩大生产

B. 改进技术，增加产品的技术含量

C. 进行市场调查，了解份额减少的原因

D. 作好员工思想工作，搞好企业管理

E. 给员工加薪，激励他们努力工作

12. 市场调查过程的三个主要阶段是指：（ ）

A. 制定调查计划阶段　　B. 市场调查的实施阶段

C. 市场调查的总结阶段　　D. 问卷复核阶段

E. 调查报告撰写阶段

13. 市场调查的计划阶段主要包括以下几个方面的工作：（ ）

A. 客户提出市场调查的要求　　B. 明确调查目标

C. 拟订调查方案（包括设计调查问卷）　D. 签署协议

E. 市场调查费用决算

14. 市场调查的实施阶段的工作主要包括：（ ）

A. 访问　　B. 问卷处理

C. 问卷复核　　D. 回访

E. 问卷分析

15. 市场调查结果处理的步骤主要有：（ ）

A. 审核与校订　　B. 分组与汇总

C. 分析研究　　D. 撰写调查报告

E. 信息咨询服务

四、简述题

1. 如何理解市场调查的涵义和特点？

2. 市场调查的类型及主要涉及哪些实用领域？

3. 市场调查机构的涵义及主要类型。

4. 市场调查的原则有哪些？

5. 市场调查包括哪些基本步骤？

6. 请用框图画出市场调查的一般程序。

参考答案

一、名词解释(略)

二、填空题

1. 规律　　决策依据
2. 系统
3. 识别　　收集　　分析　　传递
4. 准确　　完整
5. 有效时间内
6. 因果性调查　　探测性调查
7. 政治环境调查　　文化环境调查
8. 需求量调查　　消费动机调查
9. 分销渠道调查　　服务调查
10. 制定调查计划阶段　　市场调查的实施阶段

三、选择题

1. ABCDE	2. A	3. A	4. B	5. B
6. ABCD	7. ABCD	8. BCDE	9. ABC	10. ABCDE
11. C	12. ABC	13. ABCD	14. ACD	15. ABCDE

四、简述题

1题答:市场调查是指通过有目的的对一系列资料、情报、信息的判断、收集、筛选、解释、传递、分类和分析,来了解现有的和潜在的市场,并以此为依据做出经营决策,从而达到进入市场、占有市场并取得预期效果的目的。市场调查主要包括以下特点:

(1) 目的性。

(2) 系统性。

(3) 全过程性。

(4) 不确定性。

(5) 客观性。

(6) 时效性。

2 题答:市场调查的类型包括:

(1) 探测性市场调查

探测性市场调查是指当市场情况不十分明了时,为了发现问题,找出问题的症结,明确进一步深入调查的具体内容和重点而进行的非正式的调查。

(2) 描述性市场调查

描述性市场调查是对所研究问题的特征和功能进行如实记录的调研。前提是研究者事先已对所研究的问题有了许多相关知识。

(3) 因果性调查

因果性调查是指为了了解市场变化的原因,分析市场上各种变量之间因果性质的关系而进行的调研。

(4) 预测性调查

预测性调查是利用已有的市场经验和科学的预测技术对市场未来的发展趋势进行评估和判断的调查方法。

市场调查主要涉及以下实用领域:

(1) 市场环境调查。

(2) 市场需求调查。

(3) 市场营销活动调查。

(4) 产品调查。

(5) 消费者购买力调查。

(6) 广告效果调查。

3 题答:市场调查机构是指专门或主要从事市场调查咨询活动的单位或部门。对于专门从事市场调查活动的单位,称为专业市场调查机构(或公司);对于在企业(或公司) 里设立的主要从事市场咨询调查活动的有关部门,称为企业市场调查机构(或公司)。市场调查机构的主要类型有:

(1) 企业市场调查机构。

(2) 专业市场调查机构。

4 题答:市场调查的主要原则有:

(1) 时效性原则。

(2) 准确性原则。

(3) 全面性原则。

(4) 科学性原则。

(5) 费用——效益性原则。

5 题答：一般来说，市场调查的过程可分为如下三个阶段 13 个步骤：制定调查计划阶段（市场调查的准备阶段）、市场调查的实施阶段、市场调查的总结阶段。

(1) 市场调查准备阶段

市场调查的计划阶段也叫制定调查计划阶段，是从客户提出市场调查的要求开始直到签订协议为止的过程，主要包括客户提出市场调查的要求、明确调查目标、拟订调查方案（包括设计调查问卷）、签署协议等几方面的工作。

第一步：客户调查要求的全面咨询。

第二步：拟订调查方案。

第三步：设计调查问卷。

第四步：预调查。

第五步：修订调查方案和调查问卷，并交客户认证。

(2) 市场调查实施阶段

当准备工作完成后，市场调查的实施阶段就开始了，也就是正式的资料收集工作开始了。

第六步：访问。

第七步：问卷复核。

第八步：回访。

(3) 市场调查总结阶段

市场调查取得的各项资料，大多是分散的、零星的，有些是片面的。为了反映事物的特征，必须对调查资料进行分类和归类、分析和研究，才能达到市场调查认识市场、揭示事物的必然性和规律性的目的。调查结果处理的步骤如下：

第九步：审核与校订。

第十步：分组与汇总。

第十一步：分析研究。

第十二步：撰写调查报告。

第十三步：信息咨询服务。

6 题答：（见下页图）

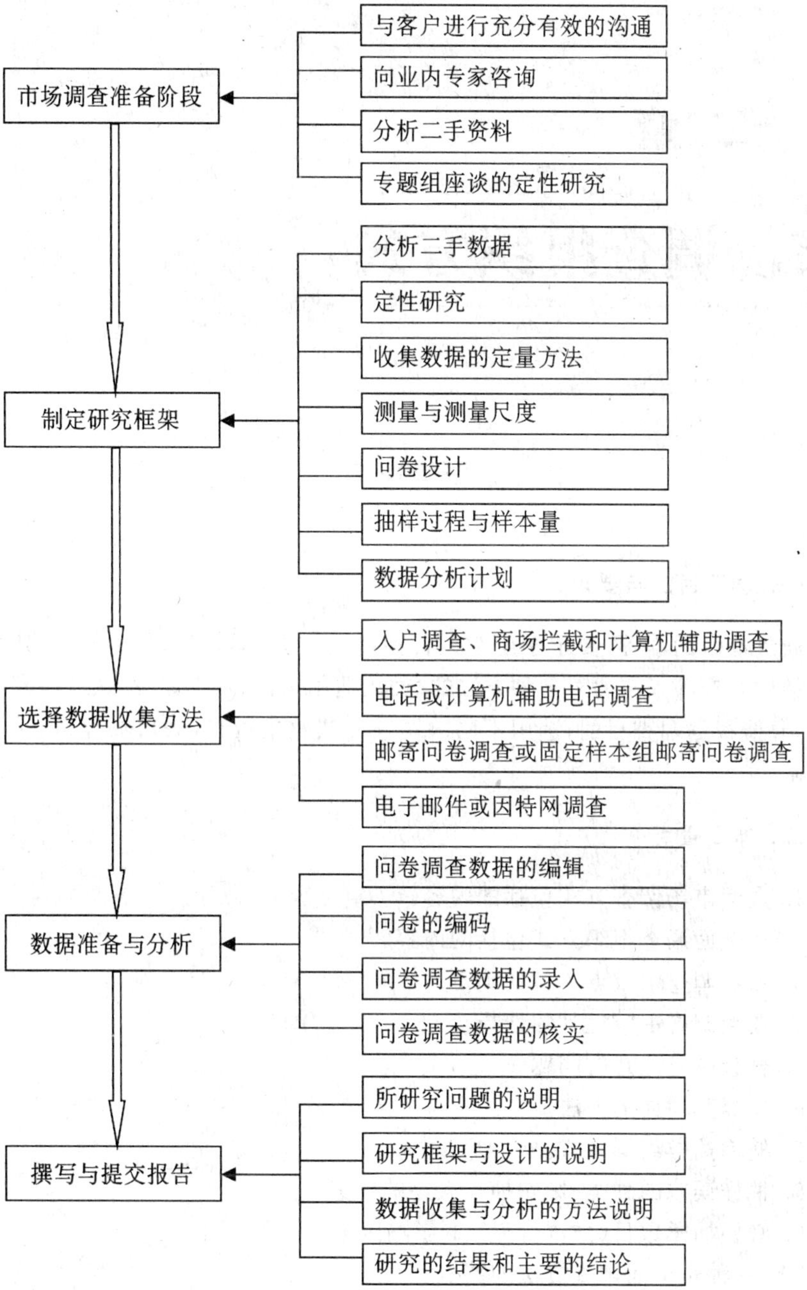
市场调查准备阶段
与客户进行充分有效的沟通
向业内专家咨询
分析二手资料
专题组座谈的定性研究
制定研究框架
分析二手数据
定性研究
收集数据的定量方法
测量与测量尺度
问卷设计
抽样过程与样本量
数据分析计划
选择数据收集方法
入户调查、商场拦截和计算机辅助调查
电话或计算机辅助电话调查
邮寄问卷调查或固定样本组邮寄问卷调查
电子邮件或因特网调查
数据准备与分析
问卷调查数据的编辑
问卷的编码
问卷调查数据的录入
问卷调查数据的核实
撰写与提交报告
所研究问题的说明
研究框架与设计的说明
数据收集与分析的方法说明
研究的结果和主要的结论

第二章

市场调查组织方式

指点迷津

一、学习目的与要求

通过本章的学习，要求学生掌握各种调查方法，即普查、重点调查、典型调查和抽样调查等。主要对各种方法的概念、适用条件、基本原理、调查步骤加以了解，并能根据调查目的，选用不同的调查方法收集资料，为市场分析、预测奠定基础。

二、本章重点

1. 全面市场调查方式包括的内容。
2. 非全面调查组织方式包括的内容。
3. 重点调查中重点单位的确定。
4. 典型调查中“典型”的选择。
5. 普查中应注意的问题。
6. 非概率抽样的方法。
7. 概率抽样组织方式。
8. 抽样误差的种类，影响抽样误差的因素。
9. 必要抽样数目(样本容量）的影响因素。
10. 三种非全面调查方法的特点。

三、本章难点

1. 各种调查方法的结合应用。
2. 抽样误差的控制。
3. 分层抽样、等距抽样和整群抽样的特点及使用场合。
4. 样本容量的确定。
5. 推断统计。

脉络框架

- 市场调查的组织
  - 全面调查（市场普查）
  - 非全面调查
    - 典型调查
    - 重点调查
    - 抽样调查
      - 非概率抽样
        - 方便抽样
        - 判断抽样
        - 配额抽样
        - 自愿抽样
        - 雪球抽样
      - 概率抽样
        - 简单随机抽样
        - 分层抽样
        - 系统抽样
        - 整群抽样

习题练兵

一、名词解释

1. 普查　2. 重点调查　3. 典型调查　4. 抽样调查
5. 随机抽样　6. 非随机抽样　7. 总体　8. 样本
9. 样本容量　10. 抽样误差

二、填空题

1. 市场调查按调查对象包括的范围不同，可以分为________与________。
2. 市场调查的组织形式主要有_____、重点调查和典型调查和________。

3. 普查是一种__________的________全面调查。

4. 抽样调查是以__________指标数值来推算__________指标数值的一种调查。

5. 重点调查的特征在于，调查对象中的重点单位与一般单位之间______的______非常悬殊。

6. 市场普查是一种全面调查，由于它涉及范围广，资料多层汇总，往往会产生______，所以需要用__________资料加以修正。

7. 根据样本各单位标志值或标志属性计算的综合指标称为________。

8. 随机抽样组织形式，常见的有__________、__________、__________、__________等四种。

9. 在重复简单随机抽样中，当抽样误差缩小一半，则必要抽样数目 n 要增大________倍；当抽样误差扩大一倍，则必要抽样数目 n 只需原来的__________。

10. 影响抽样误差大小的因素主要有：总体各单位标志值的差异程度__________、________和抽样调查的组织形式。

11. 分层抽样应尽量缩小__________差异，增大__________差异。

12. 设计效应(deff)是指任意抽样方式下的抽样方差______简单随机抽样方式下抽样方差的商。

三、单项选择题

1. 一个样本中所包含的个体数目多少是指(　)。

A. 样本　　B. 总体

C. 样本容量　　D. 抽样

2. 一般情况下，抽样组织形式的选择主要决定于(　)。

A. 所需样本容量的大小　　B. 抽样误差的大小

C. 总体标准差的大小　　D. 所需调查经费的多少

3. 在市场调查实践中，所谓大样本是指样本容量(　)。

A. 等于 30　　B. 不等于 30

C. 大于 30　　D. 小于 30

4. 重点调查中的“重点单位”是指(　)。

A. 这些单位的数量占总体全部单位数的很大比重

B. 这些单位是工作重点

C. 这些单位具有举足轻重的作用

D. 这些单位的标志值在总体标志总量中占有绝大比重

5. 最为简单的随机抽样组织形式为(　)。

A. 单纯随机抽样　　B. 整群抽样

C. 等距抽样　　D. 分层抽样

6. 相对于非抽样误差来说,随机抽样(　)。

A. 不容易进行　　B. 难以确定抽取个体的数目

C. 推断的结果不够准确　　D. 需要经费多,但估计效果好

7. 确定样本容量时,需要考虑的两个基本因素是(　)。

A. 总体规模和抽样方式　　B. 调查经费限制和时间限制

C. 总体变异程度和调查精度要求　　D. 回答率和分组需要

8. 将一组被调查人视为一个抽样单元而不是个体的抽样(　)。

A. 分层抽样　　B. 整群抽样

C. 配额抽样　　D. 连带抽样

9. 样本指标值与真实总体指标值之间的差距是(　)。

A. 抽样误差　　B. 抽样精度

C. 估计差错　　D. 估计精度

10. 研究人员从工作方便出发,在调查对象中随意选择一定数量的个体进行了问卷,这种抽样是(　)。

A. 方便抽样　　B. 判断抽样

C. 配额抽样　　D. 整群抽样

11. 研究人员依据自己的主观分析和判断,来选择那些适合研究目的的个体进行调查,这种抽样是(　)。

A. 方便抽样　　B. 判断抽样

C. 配额抽样　　D. 整群抽样

12. 抽取一群特定数目的、满足特定条件的被调查人进行采访,这种抽样是(　)。

A. 便利抽样　　B. 连带抽样

C. 判断抽样　　D. 配额抽样

13. 方便抽样和简单抽样的相似点是(　)。

A. 抽样概率已知　　B. 估计方法相似

C. 排除了主观严肃一面,体现“随意”　　D. 以上都对

14. 在配额抽样中选取控制特征应考虑的因素有(　)。

A. 调研的背景和目的　　B. 总体内部的差异状况

C. 调研项目之间的相互关系　　D. 以上都对

15. 使用配额抽样有助于（　）。

A. 降低非随机抽样所产生的偏差　　B. 降低抽样费用

C. 提高抽样效果　　D. 提高数据的准确性

16. 下列选项不属于滚雪球抽样的是（　）。

A. 链式抽样　　B. 网络抽样

C. 辐射抽样　　D. 自愿抽样

17. 为检验某仓库的苹果质量是否能达到标准，可以对被选作样本单位的每箱苹果进行调查，这种抽样方法称为（　）。

A. 简单随机抽样　　B. 整群抽样

C. 系统抽样　　D. 分层抽样

18. 在样本框中每隔一定距离抽选一个受访者，这种抽样方法称为（　）。

A. 简单随机抽样　　B. 整群抽样

C. 系统抽样　　D. 分层抽样

19. 通过某些条件过滤选择某些受访者参与调查，这种抽样方法称为（　）。

A. 概率抽样　　B. 连带抽样

C. 配额抽样　　D. 判断抽样

20. 分层抽样和配额抽样最主要的区别在于（　）。

A. 前者按随机原则抽取，后者按主观性抽取

B. 前者按主观性抽取，后者按随机原则抽取

C. 前者比后者更精确

D. 后者比前者更精确

21. 一般来说，如果给定置信度，那么（　）。

A. 允许误差越小，估计值的精度越高

B. 允许误差越小，估计值的精度越低

C. 允许误差越大，估计值的精度越高

D. 允许误差的大小不影响估计值的精度

22. 一般来说，如果给定允许误差，那么（　）。

A. 置信度越高，估计值的精度越高

B. 置信度越高，估计值的精度越低

C. 置信度越低，估计值的精度越低

D. 置信度的大小不影响估计值的精度

23. 设计效应（deff）是任意抽样方式与下列哪种抽样方式的抽样方差的

商( )。

A. 简单随机抽样 B. 分层抽样

C. 配额抽样 D. 系统抽样

24. 下面关于设计效应的叙述正确的是( )。

A. 简单随机抽样的 deff<1 B. 整群抽样的 deff≤1

C. 分层抽样的 deff≥1 D. 分层抽样的 deff≤1

25. 如果调查前的样本容量为 800,其回答率为 80%,则应抽取的样本容量为( )。

A. 100 B. 1000

C. 640 D. 6400

四、多项选择题

1. 简单随机抽样常用的方法有( )。

A. 抽签法 B. 乱数法

C. 排队法 D. 直接抽选法

2. 系统随机抽样的优点是( )。

A. 简便易行,对抽样框的要求不高

B. 可使样本单位较均匀地分布于总体中

C. 有利于降低抽样误差

D. 抽样效果优于单纯随机抽样

3. 常用的系统抽样方法有( )。

A. 随机起点等距抽样 B. 半距起点等距抽样

C. 随机起点对称系统抽样 D. 以上都对

4. 关于系统抽样正确的说法有( )。

A. 抽样之前要将所有总体单位排序

B. 系统抽样的精度高于分层抽样

C. 系统抽样的精度高于整群抽样

D. 系统抽样的抽样误差计算较为复杂

5. 系统抽样间隔的大小取决于( )。

A. 总体 B. 样本

C. 总体容量 D. 样本容量

6. 分层抽样的特点是( )。

A. 层内差异小,层间差异大 B. 层内差异大,层间差异小

C. 层内差异大，层间差异大　　D. 层间差异大

7. 整群抽样群的划分标准是（　　）。

A. 尽量使群内差异小，群间差异大

B. 尽量使群内差异小，群间差异小

C. 尽量使群内差异大，群间差异小

D. 尽量使群内差异小

8. 有关整群抽样正确说法有（　　）。

A. 通常情况下抽样误差比较大

B. 调查相对比较集中，实施便利，节省费用

C. 整群抽样的方差一般比系统抽样的方差大

D. 为了获得同样的精度，整群抽样的样本容量一般比简单随机抽样的样本容量大

9. 非随机抽样按照具体的抽样方式进行分类，可以划分为（　　）。

A. 配额抽样　　B. 便利抽样

C. 判断抽样　　D. 自愿抽样

10. 非随机抽样与随机抽样的主要区别是（　　）。

A. 抽样时是否遵循随机原则　　B. 使用场合的不同

C. 样本容量的确定不同　　D. 抽样误差的测定不同

11. 影响抽样误差的因素有（　　）。

A. 总体单位之间的特征差异程度

B. 样本单位的数目与抽样误差大小有关

C. 抽样方法不同，抽样误差的大小也不同

D. 总体规模、范围的大小

12. 控制非抽样误差的方法包括（　　）。

A. 严格调查程序、规范调查步骤　　B. 合理设计问卷和答卷

C. 加强调查人员的培训和管理　　D. 改进测量方法和工具

13. 关于判断抽样正确的说法有（　　）。

A. 又称目标、主观抽样、立意抽样、专家抽样

B. 具有主观性，估计精度严重依赖于调查者自身的素质

C. 有时也会选择“极端型”的总体单位进行调查

D. 是概率抽样方法

14. 关于非随机抽样正确的说法有（　　）。

A. 抽样时按调查者的主观经验或其他条件来抽取样本

B. 概率抽样的结果一般优于非概率抽样

C. 非随机抽样既无法确定抽样的误差大小，也无法从概率意义上确保推断的准确性

D. 非随机抽样先于随机抽样而广泛应用

15. 在非随机抽样中，提高抽样效果的办法有(　　)。

A. 对参与调查的人员进行严格的培训

B. 让专家们共同参与非随机抽样选择工作

C. 增加随机性

D. 事先了解相关人员的主观倾向

16. 确定样本容量时，所抽取样本的大小与总体指标变异度的大小的关系(　　)。

A. 要呈同向变动　　B. 要呈反向变动

C. 是无关的　　D. 是有关的

17. 分层抽样的优点是(　　)。

A. 在调查中还可对各子总体的参数进行估计

B. 易于分工组织及逐级汇总

C. 可以提高估计量的精度

D. 实施最为方便

E. 保证样本更具代表性

18. 整群抽样的优点是(　　)。

A. 节省费用　　B. 方便实施

C. 比分层抽样效果好　　D. 比简单随机抽样效果好

E. 有时能够得到较高的精度

19. 确定样本规模时，需要考虑与数据可靠性要求有关的主要因素，这些因素包括(　　)。

A. 总体变异　　B. 调查精度

C. 总体规模　　D. 抽样方式

E. 回答率

20. 抽样具有科学性的理由是(　　)。

A. 从总体中抽取样本单位时遵从随机原则

B. 部分来自于全体，必带有反映全体的信息

C. 样本数据对总体参数的充分代表性

D. 构成(同质) 总体的一些个体之间在性质上必定相似或相近

E. 不管原始分布如何，样本平均数的分布总可视为正态分布，而且由此得到总体参数准确估计的概率值极大

五、简述题

1. 重点调查、典型调查和抽样调查有何异同？
2. 什么叫抽样误差、抽样平均误差、抽样极限误差？它们之间有何关系？
3. 市场调查中应用抽样的必要性。
4. 为什么说随机抽样是最理想、最科学的抽样方法？
5. 抽样设计中应注意哪些问题，如何解决？
6. 简述分层抽样的优、缺点。
7. 简述整群抽样的优缺点。
8. 市场抽样调查中非抽样误差是怎样产生的？
9. 抽样误差的影响因素有哪些？
10. 确定样本容量时需要考虑的因素有哪些？
11. 进行简单随机重复抽样，假定抽样单位增加 3 倍，则抽样平均误差将发生如何变化？如果要求抽样误差范围减少 20%，其样本单位数应如何调整？
12. 某市商业银行准备开展储户投资意向调查，试设计一份抽样方案。

六、计算题

1. 某居民区共有 10000 户，现用抽样调查估计该区居民的季度用水量，采用简单随机抽样抽取了 100 户得到平均每户用水量是 12.5 吨，方差为 1252 吨，试估计该区居民季度总用水量 95%的置信区间。若要求估计误差每户不超过 2 吨，试问应该抽多少户作为样本？

2. 从一叠数据表中，简单随机抽取了 250 张，发现其中 50 张有不同程度的错误，试以 95%的概率把握度估计这批单据中有错误的比例范围。若已知这批单据共 1000 张，要求估计的误差不超过 5%，则至少应抽取多少张单据作为样本？

3. 一家调查公司欲调查某城市居民拥有汽车家庭所占的比例，要求在 95%的概率把握度下，使估计误差不得超过 5%，问：(1) 当调查人员认为实际的比例不会大于 20%时，应抽取多大的容量的样本？(2) 当调查人员对实际状况一无所知时，应抽取多大容量的样本？

4. 某电器供应商对产品售后服务的满意率进行抽样调查，要求极限误差不超过 3%，概率把握度为 95%，已知过去三年顾客满意率分别为 89.15%，

89.50%和90.10%，根据以上资料计算至少抽取多少顾客进行调查？

5. 假定某统计总体有5000个总体单位，其被研究标志的方差为400，若要求抽样极限误差不超过3，概率保证程度为0.9545，试问采用不重复抽样应抽取多少样本单位？

6. 从某厂生产的一批灯泡中随机重复抽取100只，检查结果是：100只灯泡的平均使用寿命为1000小时，标准差为150小时。要求：

(1)试以95.45%的概率保证程度推断该批灯泡平均使用寿命的区间。

(2)假定其他条件不变，如果将抽样极限误差减少至原来的1/2，应抽取多少只灯泡进行检查？

7. 从电子元器件的一批产品中简单随机抽取100个并进行了检验，其中合格品为92个，试估计这批产品的合格率。如果在95%置信水平下，同时使估计的绝对误差不超过1%，那么需要样本容量是多少？

8. 某次关于某市家庭人均住房面积的调查中，委托方要求绝对误差限为2平方米，置信水平95%，现根据以前调查的结果，认为总体方差$S^2=68$。要求：(1) 试确定简单随机抽样所需的样本量；(2) 如果调查的预期回答率为70%，那么最终的样本量是多少？

参考答案

一、名词解释(略)

二、填空题

1. 全面调查　　非全面调查
2. 普查　　抽样调查
3. 专门组织的　　一次性
4. 样本指标　　总体指标
5. 标志值　　差异
6. 误差　　抽样调查
7. 统计量
8. 简单随机抽样　　分层抽样　　系统抽样　　整群抽样
9. 到四倍　　四分之一
10. 样本容量　　置信度

11. 层内差异　　层间差异

12. 除以

三、单项选择题

CBCDA　DCBAA　BDCDA　DBCDA　ABADB

四、多项选择题

1. ABD	2. ABC	3. ABCD	4. AD	5. CD
6. AD	7. CD	8. BCD	9. ABCD	10. AD
11. ABC	12. ABCD	13. ABC	14. ABCD	15. ABD
16. AD	17. ABCE	18. ABE	19. ABCDE	20. BDE

五、简述题

1 题答：区别：(1) 定义不同；(2) 特点不同；(3) 作用不同。

相同点：都属于非全面调查。

2 题答：抽样误差是指调查的结果和客观实际情况的出入和差数，一般有非抽样误差和抽样误差两种。

抽样平均误差是遵守随机原则抽样，所有可能出现的样本指标的标准差，用 $\sigma_{(\theta)}$ 表示。

抽样极限误差是抽样误差最大可能范围，用 Δ 表示。

关系：$\Delta = t\sigma_{(\theta)}$ 其中，t 表示概率度

3 题答：(1) 市场调查的客体特征是参与者众多、时间空间跨度很大，要获得全面的信息既无可能也无必要；(2) 市场调查的主体是企业或那些专业市场调查机构，由于人财物资源都有限，根本无力进行人口普查式的全面调查，何况通常市场调查的信息要比人口普查的信息复杂得多。

4 题答：抽样科学性依据：(1) 部分来自于全体，必带有反映全体的信息；(2) 构成(同质) 总体的一些个体之间在性质上必定相似或相近，所以彼此有相当代表性；(3) 不管原始分布如何，样本平均数的分布总可视为正态分布，而且由此得到总体参数准确估计的概率值极大。

5 题答：(1) 需要取得客户的认可；(2) 在精度和预算之间求得平衡；(3) 必须与问卷甄别部分相呼应；(4) 必须与数据处理方案相呼应。

6 题答：分层抽样的优点：(1) 保证样本更具代表性。由于分层抽样中每层一定有单元被抽到，样本分布更均匀；(2) 调查的组织及数据的汇总都比较方

便。分层抽样中的数据收集、汇总和处理都可按层独立进行。如果层是按一定行政系统划分时，就可按各自的行政系统组织；(3) 对不同层可以按照具体情况和条件灵活使用不同的抽样方法。例如在一些层中用等概率抽样，而在另一些层中用不等概率抽样；或者在一些层中用二阶抽样；在另一些层中需用三阶或四阶抽样；(4) 分层抽样可以提高估计量的精度。这也是分层抽样被普遍采用的原因之一。特别是当层内单元指标差异较小，而层间差异较大时，分层抽样的精度可有较大提高。

分层抽样的缺点：(1) 有时在实际中分层并不容易，需要收集必要的资料，从而耗费额外的费用；(2) 分层抽样要求各层的大小都是已知的，当它们不能精确得知时，就需要通过别的手段进行估计。这不仅增加了抽样设计的复杂性，而且也会带进新的误差。

7 题答：优点是：①方便实施，节省费用；②有时能够得到较高的精度。

缺点是：与其他抽样方式相比效果较差。

8 题答：非抽样误差是基于抽样之外的许多其他原因而产生的误差，从理论上看，概念性错误、逻辑性错误、对回答的错误解释等都可导致此误差的出现，大致可归纳为以下几个方面：

- 非抽样误差
  - 非观测偏差
    - 覆盖不周
    - 无回答
      - 不在家
      - 拒答
  - 观测偏差
    - 被访问者责任
      - 故意错答
      - 误解而错答
    - 访问员责任
      - 访问员过失
      - 访问员作弊

9 题答：误差大小主要受三个因素影响：(1) 与总体分布状况有关。总体各单位之间差异越大，即总体方差越大，抽样误差就越大；反之，抽样误差就越小。(2) 与抽取的样本量有关。在其他条件相同的情况下，样本量越大，抽样误差就越小；反之，抽样误差就越大。(3) 与抽样方式和估计方式也有关系。例如分层抽样的估计精度高于简单随机抽样。在有辅助信息的条件下，比率估计、回归估计也可以有效地减小抽样误差。

10 题答：(1) 与满足数据的可靠性要求有关的主要因素，包括总体的变异程度，调查精度，总体规模，抽样方式，回答率等。(2) 与实际操作上的限制有关的因素，包括调查经费，时间限制，人力资源等。

11 题答：进行简单随机重复抽样，假定抽样单位增加 3 倍，则抽样平均误差减少到原来的 1/2;如果要求抽样误差范围减少 20%,其样本单位数应增加到原来的 1.5625 倍。

12 题答:(略)。

六、计算题

1. 解:

(1) 该居民季度总用水量 95%的置信区间为:

$$\{10000[\bar{x}-t\mu(\bar{x})],10000[\bar{x}+t\mu(\bar{x})]\}=[10000\times(12.5-1.96\times3.521),\ 10000\times(12.5+1.96\times3.521)]=[55988,194012]$$

(2) 当 $\Delta(\bar{x})\leqslant2$ 时,所需要的样本容量至少为:

$$n=\frac{Nt^2s^2}{N\Delta^2(\bar{x})+t^2s^2}=\frac{10000\times1.96^2\times1252}{10000\times2^2+1.96^2\times1252}=1074(户)$$

2. 解:

(1) 有 95%的概率把握度估计这批单据中有错误的比例范围为:

$$[p-t\mu(p),p+t\mu(p)]=[20\%-1.96\times2.53\%,20\%+1.96\times2.53\%]=[15.04\%,24.96\%]$$

(2) 当 $\Delta(p)\leqslant0.05$ 时,所需要的样本容量在重复抽样条件下至少为:

$$n=\frac{t^2P(1-P)}{\Delta^2(p)}=\frac{1.96^2\times0.2\times0.8}{0.05^2}=246$$

而在不重复抽样条件下至少为:

$$n=\frac{Nt^2P(1-P)}{N\Delta^2(p)+t^2P(1-P)}=\frac{10000\times1.96^2\times0.2\times0.8}{10000\times0.05^2+1.96^2\times0.2\times0.8}=198$$

3. 解:

(1) 当 $P\leqslant0.2$ 时,应抽取的样本容量为:

$$n=\frac{t^2P(1-P)}{\Delta^2}\leqslant\frac{1.96^2\times0.2\times0.8}{0.05^2}=246(户)$$

(2) 当调查人员对实际状况一无所知时,应抽取的样本容量为:

$$n=\frac{t^2P(1-P)}{\Delta^2}=\frac{1.96^2\times0.5\times0.5}{0.05^2}=348(户)$$

4. 解：由于不知道该电器供应商对产品售后服务的对象及总体容量 N，所以只能采用单纯重复随机抽样；又由于在过去三年顾客满意率的样本方差中 0.8915 ×(1－0.8915)＝0.09672775 为最大者，因此在 95％的概率把握度条件下至少抽取 $n=\frac{t^2p(1-p)}{\Delta^2(p)}=\frac{1.96^2\times0.09672775}{0.03^2}=413$ 名顾客进行调查。

5. 解：

$$n=\frac{Nt^2\sigma^2}{N\Delta^2(\bar{x})+t^2\sigma^2}=\frac{5000\times2^2\times400}{5000\times3^2+2^2\times400}=172$$

6. 解：

(1)

$$\bar{x}=1000\pm2\times\frac{150}{10}=1000\pm30$$

$$(970,1030)$$

(2)

$$n=\frac{t^2\sigma^2}{(\Delta_{\bar{x}})^2}=\frac{t^2\sigma^2}{\frac{1}{4}(\Delta_{\bar{x}})^2}=4\times100=400$$

7. 解：

(1) 这批产品的合格率为 $p=92$

(2) $n=\frac{t^2p(1-p)}{(\Delta_p)^2}=\frac{1.96^2\times0.92\times0.08}{0.01^2}=2827.418$

即需要抽取 2828 电子元器件。

8. 解：

(1) 简单随机抽样所需的样本量：

$$n=\frac{t^2\sigma^2}{(\Delta_{\bar{x}})^2}=\frac{1.96^2\times68}{2^2}65.3072$$ ，即抽取 66 户。

(2) 如果调查的预期回答率为 70％，那么最终的样本量是：

$$n_1=\frac{n}{r}=\frac{66}{70\%}=94.29$$ ，即 95 户。

第三章

市场调查方案策划

指点迷津

一、学习目的与要求

通过本章学习，要求掌握市场调查方案策划的基本涵义、作用以及调查方案策划的基本特征，掌握市场调查课题的概念和类型、调查课题的主要来源以及确定调查课题的基本程序，重点掌握市场调查策划方案的主要内容以及撰写基本格式，以培养学生设计调查方案、制定调查方案的能力。最后，要求学生学会对于已经制定的备选调查方案进行可行性评价，掌握基本评价标准和方法。

二、本章重点

1. 对于市场调查活动和策划方案特征的基本认识；
2. 对于市场调查研究课题的来源、类型以及对于选择步骤的认识和掌握；
3. 市场调查策划方案所包含的主要内容；
4. 掌握市场调查策划方案的基本撰写格式和注意事项，培养形成制定市场调查策划方案的能力；
5. 学会对于所设计的市场调查方案进行可行性分析，掌握基本的分析标准和方法。

三、本章难点

1. 对于如何有效确定市场调查研究课题的把握；
2. 对于市场调查策划方案所包含的主要内容；

3. 市场调查策划方案的可行性研究评价方法，尤其是调查方案评价模型的建立与选择。

四、有关说明

1. 在进行本章教学时，建议以案例教学法贯穿教学基本过程；

2. 市场调查方案策划的教学，其主要目的是培养学生设计调查方案，制定调查方案，评价调查方案的能力，因此，教学时建议安排2—4课时的实践教学时间，以增强学生对于市场调查策划实践活动的认识；

3. 教学过程中，如有学生参与的市场调查课程实习任务或学生参与市场调查实践的案例，作为教学任务布置给学生，带着任务学习效果会更好。

脉络框架

（见下页。）

习题练兵

一、名词解释

1. 策划　2. 市场调查方案　3. 调查课题　4. 逻辑分析法
5. 试点调查法　6. 经验判断　7. 课题的价值　8. 课题的创造性
9. 调查信度　10. 调查效度

二、填空题

1. 为了准确确认市场调查课题，必须与______进行交流。

2. 确定市场调查课题常犯两种错误，其一是调研课题过于______，其二是市场调研课题过于______。

3. 在用户市场信息需求分析的基础上，市场调查的下一步就是确定________。

4. 为了选取一个最优的市场调查方案，需要进行必要的______研究。

5. 当课题变数较多，往往采用小样本的______调查。

6. 政府机构、学术团体等非赢利组织提出的市场调查课题一般是______型课题，企业等赢利机构提出的市场调查课题一般是______型课题。

- 市场调查方案策划概述
  - 涵义
  - 作用
  - 策划活动的基本特征
  - 市场调查策划方案的特性
- 调查课题
  - 概念
  - 类型
    - 性质
      - 理论性课题
      - 应用性课题
    - 目的和作用
      - 探索性课题
      - 描述性课题
      - 因果性课题
      - 预测性课题
    - 来源
      - 自选课题
      - 委派课题
  - 如何确定课题
    - 根据用户信息需求确定课题
    - 自我确定的调查课题
    - 基于研究假设的调查课题
  - 确定课题的程序
    - 课题背景分析(历史背景资料和未来发展预测、资源和限制条件、决策目标、购买者行为、法律环境、经济环境、营销能力和科技水平)
    - ↓ 初选课题
    - ↓ 界定调查课题能否服务于管理活动
    - ↓ 选定市场调查课题
- 市场调查方案的内容
  - 定义
  - 主要内容
    - 调查目的
    - 调查对象和调查单位
    - 确定调查内容,设计调查问卷(表)
    - 明确调查方式,选定调查方法
    - 调查项目定价与预算
    - 设计抽样方案
    - 制定数据分析方案
    - 其他内容
  - 撰写
    - 格式
    - 注意的问题
- 调查方案的可行性研究
  - 评价依据
    - 总体评价
    - 具体评价指标
    - 优选评价模型的建立与分析
  - 研究方法
    - 逻辑分析法
    - 经验判断法
    - 试点调查法
  - 模拟实施
  - 提高信度和效度的主要途径

7. 确定调查目的是调查方案中必须首先解决的问题，只有确定了调查目的，才能确定调查的范围和______。

8. 调查单位是指调查对象中所要调查的具体单位，即我们在调查中要进行调查研究的一个个具体的______。

9. 对调查经费和时间，策划者都要做到________，以应付可能发生的意外事件。

10. ________是对市场调查课题进行概念化和操作化的结果，也是调查问卷或调查表设计的依据。

三、单项选择题

1. 市场调查方案策划属于市场调查的哪个阶段(　)。

A. 准备阶段　　B. 实施阶段

C. 总结阶段　　D. 反馈阶段

2. 为了探索有关现象或市场变量之间的因果关系而确定的调查课题称为(　)。

A. 探索性课题　　B. 描述性课题

C. 因果性课题　　D. 预测性课题

3. 按调查课题的性质可分为(　)。

A. 自选课题和委派课题

B. 理论性调查课题和应用性调查课题

C. 探索性调查课题和描述性调查课题

D. 困果性调查课题和预测性调查课题

4. 对调查方案的编写格式一般应包括几个部分的内容，但下述哪项内容不是必要内容(　)。

A. 调查问卷　　B. 调查的目的和意义

C. 调查的方式和方法　　D. 调查的内容和范围

5. 采用什么市场调查方法主要在于调查课题的(　)。

A. 价值　　B. 规模大小

C. 性质　　D. 用途

6. 调查对象是指依据调查的任务和目的，确定本次调查的范围及需要调查的那些现象的(　)。

A. 总体单位　　B. 总体

C. 样本　　D. 样本单位

7. 数据分析工作一般采用什么来实现(　　)。

A. 手工方式　　B. 计算机软件

C. 观察　　D. 实验

8. 调查方案的可行性研究的方法有很多,常用的有(　　)。

A. 客户论证会法和专家评审会法

B. 逻辑分析法、经验判断法和试点调查法

C. 德尔菲法

D. 移动平均法

9. 调查方案的模拟实施形式很多,主要有(　　)。

A. 德尔菲法　　B. 小组座谈会

C. 客户论证会和专家评审会　　D. 移动平均法

10. 课题的价值可分为(　　)。

A. 经济价值和社会价值　　B. 文化价值和艺术价值

C. 理论价值和应用价值　　D. 创新价值和实践价值

四、多项选择题

1. 市场调查课题的来源有(　　)。

A. 调查机构自选　　B. 客户或上级委派

C. 二手资料收集　　D. 专家提出

2. 用户市场信息需求可分为(　　)。

A. 知识型　　B. 消息型

C. 数据、事实与资料型　　D. 咨询服务型

3. 市场调查课题初选的方法有(　　)。

A. 与决策者进行交流　　B. 采访专业人士

C. 分析二手资料　　D. 做定性研究

4. 策划的要素是(　　)。

A. 有效性　　B. 目标的明确性

C. 创意性　　D. 预见性

5. 按调查课题的目的和作用可分为(　　)。

A. 探索性调查课题　　B. 描述性调查课题

C. 解释性调查课题　　D. 预测性调查课题

6. 确定课题的标准有(　　)。

A. 课题的价值　　B. 课题的创造性

C. 课题的可行性　　D. 课题的合适性

7. 下列课题属于市场调查课题而不是管理决策课题的是(　　)。

A. 促销策略制定　　B. 新产品定价

C. 广告效果测评　　D. 顾客满意度评价

8. 市场调查中采用的主要调查方式有(　　)。

A. 普查　　B. 重点调查

C. 抽样调查　　D. 典型调查

9. 市场调查方案的附件主要包括(　　)。

A. 分工情况　　B. 技术参数

C. 细节说明　　D. 抽样方案

10. 下列哪些指标是市场调查方案评价的正向指标(　　)。

A. 调查难度　　B. 调查费用和时间

C. 调查效度　　D. 调查信度

五、简答题

1. 调查机构自我选择调查课题的原则是什么?
2. 建立调查课题研究假设的方法主要有哪些?
3. 简述确定调查课题的程序。
4. 简述管理决策课题和市场调查课题的区别与联系。
5. 简述市场调查方案策划的特性。
6. 确定调查目的一般应遵循哪些原则?
7. 简述在确定调查对象和调查单位时应该注意的问题。
8. 简述市场调查方案的作用。
9. 简述市场调查方案的主要内容。
10. 撰写调查方案应注意哪些问题?
11. 怎样对调查方案进行评价?

六、分析与案例题

1. 脑白金广告已做三年,目前上海健特生物公司正在思考是否应该对现行的广告宣传方式作一改变。请您就脑白金广告宣传方式拟定一份市场调查方案。

2. 请为摩托罗拉公司设计一份摩托罗拉手机市场调查方案。

3. 自拟一个市场调查课题,并为这一课题设计一份市场调查方案。

参考答案

一、名词解释(略)

二、填空题

1. 决策者
2. 宽泛/大　　狭窄/小
3. 调查课题
4. 可行性
5. 探索性
6. 理论　　应用
7. 内容　　方法
8. 个体
9. 留有余地
10. 调查内容

三、单项选择题

1. A　2. C　3. B　4. A　5. C　6. B　7. B　8. B　9. C　10. A

四、多项选择题

1. AB　2. ABCD　3. ABCD　4. BCD　5. ABCD
6. ABC　7. CD　8. ABCD　9. ABC　10. CD

五、简答题

1 题答：
(1) 课题的价值
(2) 课题的创造性
(3) 课题的可行性

2 题答：建立调查课题研究假设的方法主要有：一是根据已有的理论和实践经验或研究论证演绎产生；二是通过对市场现象之间联系的观察和分析形成。

3题答：确定调查课题程序的第一步是课题背景分析；包括历史背景资料和未来发展预测、资源和限制条件、决策目标、购买者行为、法律环境、经济环境和营销能力和科技水平。第二步是做好与课题有关的相关工作；包括与决策者交流、采访专家、分析二手资料和定性研究。第三步是区分管理决策课题与市场调查课题；第四步是确定市场调查课题。

4题答：管理决策课题主要与决策者要做什么有关，而市场调查课题主要与需要什么信息，以及如何以最佳方式获取这些信息有关。管理决策课题是以行为为导向的，它与决策人可能采取的行动有关，比如应如何遏止市场份额的损失？应以何种方式细分市场？是否应推出新产品？是否应当增加促销预算？市场调研课题是以信息为导向的，它的主要内容是确定需要什么信息，以及如何有效地获取信息。例如，设想一个特定产品正在失去市场份额，决策者面临的决策课题是怎样弥补这一损失。

5题答：

(1) 可操作性，从人员、时间、经费、技术等角度考虑要能够实际做到。

(2) 全面性，市场调查中涉及的各种问题都应全面、详细、周到的考虑。

(3) 最优性，确定的方案应该在各方面都是最好的方案。

(4) 规划性，对人员、时间、进程、经费等讲求科学、系统的规划设计。

6题答：确定调查目的一般应遵循原则有：一是根据党和政府的路线、方针、政策以及市场经济发展的需要，抓住实际工作中最主要和迫切需要解决的热点问题；二是根据加强企业管理，提高企业经营决策科学性的需要；三是从统计工作整体出发，立足于国民经济核算的需要；四是从调查对象的实际情况出发，把需要和可能结合起来。

7题答：在确定调查对象和调查单位时，要注意的问题有：(1) 由于市场现象的复杂多变性，决定了调查对象也具有复杂多变的特点。所以，在确定调查对象时，必须用科学的理论为指导，严格规定调查对象的涵义，并正确区分出它与其他现象的界限，以避免因界限不清而发生的差错。(2) 调查单位的确定是随调查目的和调查对象的变化而发生变化的。(3) 采用的调查方式不同，会产生不同的调查单位。如果采用普查方式，调查总体内所包括的全部单位都是调查单位；如果采用抽样调查方式，只有用各种抽样方法抽取出的样本单位才是调查单位；如果采用重点调查或典型调查方式，则只有那些被选定的重点单位或具有代表性的单位才是调查单位。

8题答：市场调查方案作为调查活动的必备性文案，主要有三个方面的作用：一是用来提供给客户即调查委托方审议检查之用，以作为双方的执行协议；

二是用来作为调查者实施执行调查的纲领和依据，即调查全过程的工作指南；三是用来作为争取调查项目经费，或与其他调查机构竞争某个项目，甚至在投标时说服招标者等的重要材料。

9 题答：市场调查方案的主要内容包括调查目的的确定、调查对象和调查单位的确定、调查内容转化为调查表、调查方式和方法、项目定价与预算、数据分析方案、调查时间、安排调查进度、确定提交报告的方式、调查人员的选择、培训和组织等。

10 题答：一是一份完整的市场调查方案，调查内容均应涉及，不能有遗漏。否则就是不完整的。只有内容全面完整的调查方案，才能为调查提供全方位的指导，才能保证按统一内容、统一方法、统一步骤来开展调查工作，以便顺利地完成调查任务；二是调查方案的制订必须建立在对调查课题背景的深刻认识上。只有清楚地认识了调查课题的背景，才能为调查指明方向，才能帮助我们抓住问题的关键，正确地确定调查目的和内容；三是调查方案要尽量做到科学性与经济性的结合；四是调查方案的格式方面可以灵活，不一定要采用固定格式；五是调查方案的书面报告是非常重要的一项工作。一般来说，调查方案的起草与撰写应由课题的负责人来完成。

11 题答：市场调查方案的总体评价可以从不同角度来衡量。但是，一般情况下，对调查方案进行评价应包括四个方面的内容，即：调查方案是否体现调查目的和要求；调查方案是否具有可操作性；调查方案是否科学和完整；调查方案是否调查质量高、效果好；调查难度适中；调查时间和经费适中。

六、分析与案例题

第 1 题参考答案：

脑白金广告效果调查方案

一、调查的背景和目的

上海健特生物公司是我国知名的保健品生产公司，旗下产品“脑白金”宣传广告已有三年了，提高了该产品的知名度。为了有针对性地开展 2004 年度的产品广告宣传工作，树立产品品牌形象，进一步提高产品销售量，以便在激烈竞争的保健品市场中立于不败之地，公司拟进行一次广告效果调查，以供决策层参考。

本次调查目的：分析现有的各种广告媒介的宣传效果，了解现行的广告作品的知晓度和顾客认同度，了解各销售地区的消费市场特征和消费习惯，为“脑白金”2004 年度的广告作业计划提供客观的事实依据，并据此提供相应的建设性意见。

二、调查内容

1. “脑白金”的知名度及产品在提高免疫力口服液市场的排名情况；

2. 消费者知晓“脑白金”品牌的主要信息来源和信息渠道；

3. 了解产品口号“今年过节不收礼，收礼只收脑白金”在顾客心目中的评价；

4. 了解调查地区消费者的特征，包括其职业、年龄、文化教育程度、经济收入等，以及上述特征对造成的消费者偏好的变化；

5. 了解调查地区顾客的消费心理和消费特点；

6. 了解消费者对“脑白金”产品的口感、包装、容量的期望点以及优缺点。

三、调查研究方法

本次调查拟在华南、西南市场开展，调查的范围将深入到上述地区的中心城市和有代表性的地级市县。调查的对象将锁定为 30 岁以上的中老年消费群体。考虑到此次调查工作涉及面广，因此拟采用多级抽样的方法。即在上述地区按月销量的大小分层，从市场调查的效果考虑，主要在“脑白金”口服液的重点销售区进行，即四川、重庆、广东、上海、浙江、江苏。其中，四川省抽样地区为：成都市；重庆市抽样地区为：渝北区；广东省抽样地区为：广州市，深圳特区；上海市抽样地区为：上海市；浙江省抽样地区为：杭州市、宁波市；江苏省抽样地区为：南京。并拟定每个城市抽取的样本数为 600 人，按年龄层次和性别比例分配名额。样本的抽取结构如下表 1 所示。年龄层分段：30 岁～39 岁，40 岁～49 岁，50 岁～59 岁，60 岁及以上；各层比例采用近似的 1∶1。计划在上述 8 个城市进行，总样本数为 4800 人。

表 1　每个城市样本采集结构分配图表

年龄 性别	30—39	40—49	50—59	60 及以上	合　计
男	100	50	100	50	300
女	100	50	100	50	300
合　计	200	100	200	100	600

调查的实施要求各地的访问员对所有抽中的600个样本实行面对面的问卷访问。执行访问的访问员由当地的市场营销专业的女大学生担任,我方付给一定的劳务费用。每个调查地点由两名调查员执行访问,每个城市大约需要20个访问员。访问员的质量监督控制工作由×××市场调研公司具体负责。资料的统计处理亦由×××市场调研公司负责。

四、调研作业进度控制表

本项方案如能得到上海健特公司总部认可,我方将保证在2004年7月8日前完成调查工作,并提交调研报告。具体时间详见下表2所示:

表2 调研作业进度控制表

日 期	完成作业	备 注
5月10日～5月15日	总体方案及抽样方案的论证,设计问卷	
5月16日～5月20日	初稿设计	
5月20日～5月25日	问卷测试	
5月26日～5月28日	问卷修正,印刷	
5月29日～6月3日	访问员的挑选和培训工作	
6月4日～6月8日	调查实施	
6月10日～5月15日	电脑录入和统计处理工作	
6月16日～6月25日	撰写调研报告	
7月1日～7月8日	报告打印,提交报告	

五、调研结果形式

本次调查的成果形式为书面报告。具体内容将包括:前言部分,摘要,研究目的,研究方法,调查结果,结论和建议,以及附录七个部分。交给客户两份书面材料。

六、调查费用预算

调查费用预算表

费用支出项目	数 量	单价(元)	金额(元)	备 注
调研方案设计,策划费用	1份	10000	10000	
抽样设计,实施费用		—	2000	

续表

费用支出项目	数　量	单价(元)	金额(元)	备　注
问卷设计	—	1000	1000	
问卷印刷装订费		0.4	1920	
试调查费	1份	20	4800	
调查员劳务费	4800份	600	96000	每人调查30份问卷
督导员劳务费	240份	100	2000	
受访者礼品费	160人	1	4800	
异地实施差旅费	20人	1000	7000	派往成都外的城市
交通费	4800人	20	3200	
数据录入费	7人	0.3	1440	
统计分析费	160人	200	200	
报告制作费	4800份	300	300	
资料费,复印费	1人	10	30	
服务费	1人		1000	
杂费	3份		1000	
管理费			2000	
合计			138690	

第2题参考答案：

摩托罗拉手机市场调查方案

一、调查目的

1. 了解手机市场现行状况；
2. 掌握消费者对手机变化要求情况；
3. 为摩托罗拉在济南推销新的手机提供市场依据。

二、调查对象及范围

本次调查在济南市全市范围内进行，调查的对象是拥有济南市常住户口，拥有手机或有手机购买意向的消费者。

三、调查时间及主要内容

2007年10月1日为调查的标准时间。

调查的主要内容包括:不同人群对手机颜色、外观、功能的需求。手机品牌的认同度等。

四、调查方法

本次调查采用在摸底调查的基础上,应用随机抽样的调查方法。具体为:对全市范围内的手机销售点、营业厅等进行登记。然后按照一定的比例进行随机抽样的方法。

五、调查的组织领导与分工

本次调查由山东大学市场调查研究所全权负责,由其负责设立督导,组织对调查人员进行培训。

资料来源:http://www.happycampus.cn/pages/

第3题参考答案:

课题拟定可选择:

(1) 与自己参与的商业活动相关的课题

(2) 与自己感兴趣的创业领域的课题

(3) 与社会热点话题相关的课题

(4) 与某企业新产品、新市场相关的课题

(5) 受他人委托的课题

市场调查方案的撰写要求详见教材(略)。

案例精粹

中国 WAP 发展状况调查

一、调查背景、目的、意义

WAP(手机互联网)服务成为了近几年我国移动通信市场新的消费热点,多数手机都具有WAP功能,WAP用户数量不断增长,WAP信息服务的类型也不断丰富,WAP业务成为移动通讯运营商新的业务增长点,详细了解消费者的特征、喜好及消费特点对运营商的产品开发、服务改善、产品定价、促销推

广等具有很高的实际应用价值。

二、调查对象

调查对象是所有移动通信用户。

三、调查内容

调查内容包括:WAP 市场概况,WAP 用户上网情况及行为,WAP 服务使用情况,3G 到来的预期影响,用户经常访问的 WAP 站点等。

四、调查方式和方法

本调查采用抽样调查的方式,并通过两种调查方法来实现。其中 WAP 网站数和 WAP 网页数这两个数据由易查搜索(Yich A. CN)提供,通过搜索引擎采用机器搜索的方式获得。WAP 用户数及 WAP 用户特征、WAP 使用行为特征等数据是通过拨打被访者的手机进行抽样电话调查获得的。

电话调查采用分层配额抽样方式,层内按照简单随机抽样方式获取样本。首先把全国(不含港澳台)按照 31 个省级行政区分为 31 层,每层根据移动电话用户数(信产部公布的统计结果)给予一定的配额。层内随机抽取预先生成的号码进行拨打,号码通过全省所有使用的手机前 7 位号段+4 位随机号码获得,并通过预筛号程序剔除空号进行拨打。

为保证调查的随机性和质量,采取了以下措施:

(1) CNNIC 提供所有电话号码给执行公司,并对所有电话拨打记录进行 100%录音,并抽取录音进行复核。

(2) 对当时无人接听的电话,至少拨打三次。

(3) 对访员进行严格的培训,题目选项是否读出对访员有统一的要求。

(4) 对访问结果的数据进行预处理,核对变量的取值以及变量间的逻辑关系,对不合格的数据进行整体删除。

五、项目定价与预算(略)

六、数据分析方案(略)

七、调查时间

本次调查的执行时间为:2007 年 4 月 1 日至 2007 年 4 月 20 日。

八、确定提交报告的方式

本次调查在2007年5月份提供书面报告，简版报告以免费方式在CNNIC网站提供下载使用。

九、调查相关说明

(1) WAP：WAP(Wireless Application Protocol) 是一种向移动终端手机提供互联网内容和先进增值服务的全球统一的开放式协议标准，是无线互联网协议。目前在中国使用手机上网主要通过WAP方式接入。

(2) WAP活跃用户：最近半年内使用手机通过WAP上网并进行浏览网页等活动的人。

(3) 独立域名站点：指拥有独立域名(包括gTLD域名和ccTLD域名)的站点。

(4) 传统互联网：指通常意义上的互联网，为了与WAP互联网相区分，称之为传统互联网。

(5) 中国东中西部地区划分如下：

东部：北京、天津、辽宁、上海、江苏、浙江、福建、山东、广东和海南；

中部：山西、吉林、黑龙江、安徽、江西、河北、河南、湖北和湖南；

西部：内蒙古、广西、重庆、四川、贵州、云南、西藏、陕西、甘肃、青海、宁夏和新疆。

(6) 新用户：第一次使用WAP上网时间距现在不到1年的用户；

老用户：第一次使用WAP上网时间距现在超过1年的用户。

(7) 重度用户：平均每月使用WAP时间超过2小时的用户。

资料来源：中国互联网络信息中心

(http://www.cnnic.cn)

第四章

市场调查问卷设计

指点迷津

一、学习目的和要求

问卷设计是市场调查方案设计过程中很重要的一环。而问卷则是各种市场调查方法在收集资料时广泛使用的一种工具。通过本章的学习，不仅要了解问卷设计的基本理论与基本方法，而且还要学会设计问卷，并利用问卷技术与技巧解决实际问题。

二、本章重点

问卷的主要类型：自填式问卷和访问式问卷；结构式问卷（根据答案形式又分为封闭式、开放式和半封闭式问卷三种）和无结构式问卷。

问卷的基本结构：问卷的标题、说明词、问题与答案、填写要求、编码和必要的说明等六部分。也可将其简单划分为前言、主体和结语三个组成部分。

问卷设计的原则：目的性原则、人性化原则、简明性原则、匹配性原则、排序性原则。

问题的主要类型：开放型问题（具体表达形式主要有填空式、自由回答式、词语联想式、文章完成式、图画完成式和角色扮演式等）和封闭型问题（具体表达形式主要有是非式、选择式、排序式、过滤式、矩阵式和表格式等）。

问题答案的设计原则：穷尽性原则和互斥性原则。

问卷设计中应注意的问题：避免使用不确切的词和含糊不清的问句，避免诱导性和倾向性提问，避免否定形式提问，避免提断定性问题，避免直接提出敏感性问题；避免问题与答案不一致。

三、本章难点

问题的主要类型：开放型问题和封闭型问题的各种具体表达形式及其设计技术。

问题答案的设计原则：穷尽性原则和互斥性原则的涵义及应用。

问卷设计中应注意的问题：避免各种不恰当措辞及提问方式的技巧。

脉络框架

一、问卷的基本理论问题

- 问卷的基本理论问题
  - 问卷的涵义与作用
    - 涵义
    - 作用
  - 问卷的主要类型
    - 按是否由被调查者自行填写
      - 自填式问卷
      - 访问式问卷
    - 按问卷的设计是否有固定的结构
      - 结构式问卷
        - 封闭式问卷
        - 开放式问卷
        - 半封闭式问卷
      - 无结构式问卷
  - 问卷的基本结构（包括标题、说明词、问题与答案、填写要求、编码、必要的说明等六大部分）
  - 问卷结构示例
  - 问卷设计的原则
    - 目的性原则
    - 人性化原则
    - 简明性原则
    - 匹配性原则
    - 排序性原则
  - 问卷设计的步骤
    - 准备阶段
    - 初步设计阶段
    - 试答和修改阶段
    - 付印阶段

二、问卷设计流程图

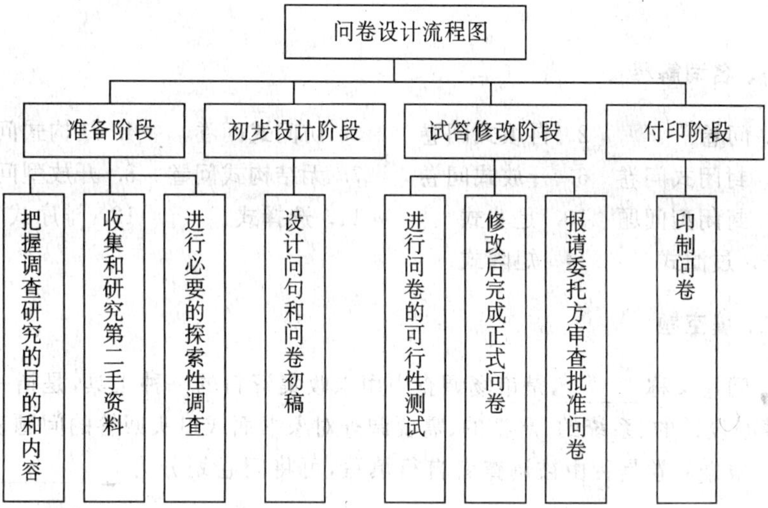

三、问卷设计技术

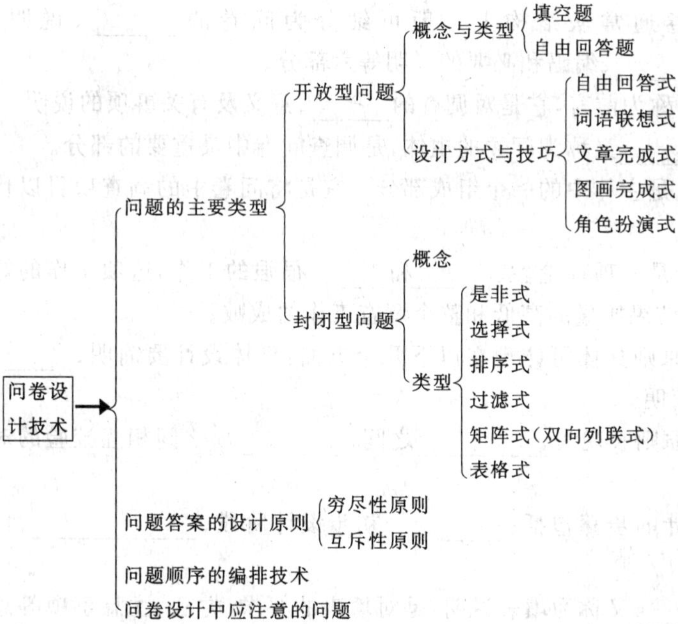

习题练兵

一、名词解释

1. 问卷　2. 自填式问卷　3. 访问式问卷　4. 结构式问卷
5. 封闭式问卷　6. 开放式问卷　7. 无结构式问卷　8. 开放型问题
9. 封闭型问题　10. 是非式　11. 选择式　12. 排序式
13. 过滤式　14. 矩阵式

二、填空题

1. 问卷又称______,是市场调查中用来收集资料的一种工具,是指一系列事先精心设计的、系统的、严密的、需要调查对象书面或口头回答的问题表格。

2. 根据问卷是否由被调查者自行填写,可将问卷划分为__________和__________。

3. 结构式问卷根据答案形式又分为______、______和______问卷三种。

4. 半封闭式问卷是指______与______相结合的问卷。

5. 一份问卷通常从结构上一般可细分为问卷的_______、说明词、__________、________、编码和必要的说明等六部分。

6. 说明词又称为前言,它是对调查的______、意义及有关事项的说明。

7. ____________又称为问卷的主体,是调查问卷中最重要的部分。

8. ______也是主体中的一个组成部分。它是将问卷中的调查项目以代码的形式表示出来。

9. 问卷设计是一项理论性、______和______很强的工作,这项工作的好坏直接关系到调查结果质量的高低和整个调查工作的成败。

10. 简明性原则具体可体现在以下几个方面:整体设计要简明、______要简明、______要简明。

11. 匹配性原则表现为__________之间、__________之间相互校验的对应关系。

12. 问卷设计的步骤包括:________、初步设计阶段、____________、付印阶段。

13. __________又称为填表说明,是对填表的要求、方法、注意事项等总的说明。

14. 问卷的问题一般可归纳为两大类，即__________和__________。

15. 开放型问题的形式包括填空式和__________。

16. 封闭型问题的表达形式常见的有______、选择式、______、过滤式、矩阵式和表格法等。

17. 自由回答式是由调查人员提出问题，不提供________，由被调查者自由地表述做出回答。

18. 问卷中问题的设计必须遵守______和______原则。

19. 问卷中问题的安排从难易角度来看，一般要将____________问题放在前面，________问题放在稍后。

20. 合格问卷中的问题都应是中立的、客观的，不应带有某种______和______。

三、单项选择题

1. 问卷按结构可分为（　）。

   A. 结构式问卷和无结构式问卷　　B. 封闭式问卷和半封闭式问卷
   C. 自填式问卷和访问式问卷　　D. 封闭式问卷和开放式问卷

2. 问卷按是否由被调查者自行填写可分为（　）。

   A. 结构式问卷和无结构式问卷　　B. 封闭式问卷和半封闭式问卷
   C. 自填又称为问式卷和访问式问卷　　D. 封闭式问卷和开放式问卷

3.（　）问卷的主体是调查问卷中最重要的部分。

   A. 问卷标题　　B. 说明词
   C. 问题与答案　　D. 必要的说明

4. 问卷的标题是对调查主题的高度概括，即调查表的总标题，一般位于问卷的（　）。

   A. 上端靠左　　B. 上端靠右
   C. 下端居中　　D. 上端居中

5. 问卷中有一部分起着对填表的要求、方法、注意事项等的总的说明的作用，这部分是（　）。

   A. 问卷标题　　B. 说明词
   C. 问题与答案　　D. 填写要求

6. 问卷实现计算机数据处理的中介和桥梁是做好（　）。

   A. 问卷标题　　B. 说明词
   C. 填写要求　　D. 编码

7. 开放型问题最为常用的形式是（　）。

A. 是非式　　B. 选择式

C. 填空式　　D. 自由回答式

8. 封闭型问题中最简单的一种是（　）。

A. 是非式　　B. 选择式

C. 排序式　　D. 过滤式

9. 问卷设计步骤中（　）是问卷设计的核心工作。

A. 准备阶段　　B. 初步设计阶段

C. 试答和修改阶段　　D. 付印阶段

10. （　）也称假设性提问，是指对有些要提的问题，先做出某种假设，以此为前提让被调查者做出单项或多项的选择。

A. 否定式提问　　B. 肯定式提问

C. 直接提问　　D. 间接提问

四、多项选择题

1. 结构式问卷根据答案形式又分为（　）三种。

A. 封闭式问卷　　B. 开放式问卷

C. 半封闭式问卷　　D. 自填式问卷

E. 访问式问卷

2. 问卷说明的表达方式主要有（　）。

A. 开门见山式　　B. 开放式

C. 封闭式　　D. 宣传与引导并重式

E. 宣传与说明并重式

3. 问卷按是否由被调查者自行填写可分为（　）。

A. 封闭式问卷　　B. 开放式问卷

C. 半封闭式问卷　　D. 自填式问卷

E. 访问式问卷

4. 根据问卷的设计是否有固定的结构，可分为（　）。

A. 结构式问卷　　B. 开放式问卷

C. 无结构式问卷　　D. 封闭式问卷

E. 半封闭式问卷

5. 封闭式问卷的优点包括（　）。

A. 答案标准化　　B. 可事先编码

C. 问题较清楚　　D. 答题简单

E. 提高问卷的回复率

6. 开放式问卷的优点包括(　　)。

A. 充分性　　B. 适用性

C. 检验性　　D. 穷尽性

E. 互斥性

7. 半封闭式问卷是指(　　)相结合的问卷。

A. 自填式　　B. 结构式

C. 无结构式　　D. 封闭式

E. 开放式

8. 问卷的基本结构可划分为(　　)三个组成部分。

A. 前言　　B. 说明词

C. 主体　　D. 编码

E. 结语

9. 问卷中问题与答案涉及的内容主要包括(　　)。

A. 行为的调查　　B. 过程的调查

C. 行为后果的调查　　D. 主观评价的调查

E. 基本情况的调查

10. 问卷设计应遵循的原则有(　　)。

A. 简明性原则　　B. 人性化原则

C. 排序性原则　　D. 匹配性原则

E. 目的性原则

11. 问卷设计的步骤有(　　)。

A. 准备阶段　　B. 初步设计阶段

C. 试答和修改阶段　　D. 付印阶段

E. 实施阶段

12. 问题的主要类型通常可分为(　　)。

A. 开放型问题　　B. 填空题

C. 封闭型问题　　D. 自由回答题

E. 多项选择题

13. 开放型问题的形式有(　　)。

A. 开放型问题　　B. 填空题

C. 封闭型问题　　D. 自由回答题

E. 半封闭型问题

14. 开放型问题的设计方式与技术有(　　)。

A. 自由回答式　　B. 词语联想式

C. 角色扮演式　　D. 文章完成式

E. 图画完成式

15. 封闭型问题的表达形式常见的有(　　)。

A. 是非式　　B. 选择式

C. 排序式　　D. 过滤式

E. 矩阵式

16. 为了保证问题设计的质量,在设计问题时必须遵守(　　)两个原则。

A. 目的性　　B. 穷尽性

C. 具体性　　D. 互补性

E. 互斥性

17. 对于敏感性问题的设计可以采用(　　)方法。

A. 假定法　　B. 访问法

C. 释疑法　　D. 问卷法

E. 转移法

18. 问卷设计中需要注意的问题有(　　)。

A. 问题的措辞　　B. 问题的答案

C. 问题的多少　　D. 问题的顺序

E. 问题的内容

五、简述题

1. 问卷有哪些作用?
2. 简述问卷的主要类型。
3. 简述问卷的基本结构。
4. 简述问卷设计的基本原则。
5. 简述封闭式问卷的优缺点。
6. 简述开放式问卷的优缺点。
7. 简述在问卷设计中应注意哪些问题。
8. 问题答案的设计原则有哪些?
9. 简述问题顺序的编排应注意哪些方面?

参考答案

一、名词解释(略)

二、填空题

1. 调查表
2. 自填式问卷、访问式问卷
3. 封闭式、开放式、半封闭式
4. 封闭式、开放式
5. 标题、问题与答案、填写要求
6. 目的
7. 问题与答案
8. 编码
9. 技术性、实践性
10. 问卷、问句
11. 目的与结果、资料与资料
12. 准备阶段、试答和修改阶段
13. 填写要求
14. 开放型问题、封闭型问题
15. 自由回答式
16. 是非式、排序式
17. 备选答案
18. 穷尽性、互斥性
19. 较容易回答的、较难回答的
20. 倾向性、诱导性

三、单项选择题

1. A 2. C 3. C 4. D 5. D
6. D 7. D 8. A 9. B 10. A

四、多项选择题

1. ABC	2. ADE	3. DE	4. AC	5. ABCDE	6. ABC
7. DE	8. ACE	9. ACD	10. ABCDE	11. ABCD	12. AC
13. BD	14. ABCDE	15. ABCDE	16. BE	17. ACE	18. ABCDE

五、简述题

1 题答:问卷的作用包括:易于被调查者理解和接受;便于调查者操作与实施;适用各种市场调查的范围和对象;利于对资料的汇总和分析;提高市场调查工作的总体效率。

2 题答:对问卷可以从不同的角度进行种类的划分。一般地,问卷根据是否由被调查者自行填写,将划分为自填式问卷和访问式问卷;根据问卷的设计是否有固定的结构,可将其划分为结构式问卷和无结构式问卷。

3 题答:一份问卷通常从结构上一般可细分为问卷的标题、说明词、问题与答案、填写要求、编码和必要的说明等六部分。也可将其简单划分为前言、主体和结语三个组成部分。

4 题答:目的性原则是问卷设计的最重要原则,也是问卷设计首先要遵守的原则;人性化原则是设计问卷必须遵循的原则,也是获得被调查者支持的关键;简明也是保证问卷质量的关键,如果不能很好地遵循简明性原则,就会事倍功半,最终使得调查工作的质量受到影响。简明性原则具体可体现在:整体设计要简明,问卷要简明,问句要简明;匹配性原则也是问卷设计中一个十分重要的原则,它在进行资料整理和统计分析的时候也是十分重要的;排序性原则要求问卷设计时,有关问句的排列要依照一定的顺序来安排。

5 题答:封闭式问卷的优点是:答案标准化,便于汇总与整理;可事先编码,便于信息处理;问题较清楚,便于被调查者对问题的分析、推测和理解;答题简单,费时较少,有助于提高问卷的回复率;对被调查者的文化程度要求不高。

封闭式问卷的缺点是:被调查者只能在备选答案中做出选择,适用性和准确性有时会受到限制;被调查者对不明确、不熟悉或者不易表达的问题,可能采取猜答甚至随便乱答的方式处理;调查者对问卷中问题的回答结果不易把握,也不易于进行正确性和科学性的检验;被调查者在回答问题的时候,容易发生笔误。

6 题答:开放式问卷的优点:充分性。被调查者可以就所问的问题充分发表自己的看法；适用性。适用于不易确定答案或答案过多的问题；检验性。调查者可从被调查者的回答中发现是否理解了所提的问题，有没有误解的问题等，从而有利于检验对所提问题的回答是否存在着偏差。

开放式问卷的缺点：不易进行统计汇总；容易形成调查偏度；填答比较费时、费力；对被调查者的表达水平要求较高。

7 题答：在问卷设计中要注意以下问题：避免使用不确切的词和含糊不清的问句；避免诱导性和倾向性提问；避免否定形式提问；避免提断定性问题；避免直接提出敏感性问题；避免问题与答案不一致

8 题答：为了保证问题设计的质量，从而保证问卷的质量，在设计问题时必须遵守穷尽性原则和互斥性原则。穷尽性原则是指每个问题中所列出的备选答案应包括所有可能的回答。这是为了使所有被调查者都能在给定的备选答案中至少选择出一项适合自己回答的答案，不致于因所列出的答案中没有合适的答案可选而放弃回答；互斥性原则是指每个问题中所有备选答案必须互不相容、互不重叠。互斥性是为了避免被调查者在选择时出现双重选择的现象。

9 题答：问卷中问题的顺序一般可按下列规则排列：问题的安排应有逻辑性；问题的安排应先易后难；把能引起被调查者兴趣的问题放在前面；开放型问题放在最后。

案例精粹

案例 1

某啤酒企业根据该企业产品的市场占有情况和目前市场对啤酒的需求情况，考虑改进啤酒包装。计划推出 250ml 的小瓶一组 4－6 瓶的包装。在正式决策之前，企业需了解新包装是否有足够的市场？目标市场是什么？一般在什么时候饮用？顾客希望在哪类商店买到？为此，需要进行一次市场问卷调查。本次调查的具体目的可概括为：

1. 测量消费者对小瓶组新包装啤酒接受的可能性；
2. 辨别小瓶组新包装啤酒的潜在的购买者和使用者；
3. 辨别新包装啤酒的使用场合；
4. 判断顾客希望在什么地方买到这种新包装的啤酒；
5. 判断潜在的市场大小。

调查问卷初稿

亲爱的女士、先生：

您好！

我是××公司市场调研员。我们厂正在进行××牌啤酒新包装的市场调查，可以占用您几分钟时间问您几个问题吗？您所提供的信息对我们这次调查的结果相当重要。

1. 您已经18岁了吗？（视情况发问）

是（ ）　　否（ ）

2. 您喝酒吗？

是（ ）　　否（ ）

3. 您喝什么类型的酒？

白酒（ ）　　葡萄酒（ ）

香槟酒（ ）　　啤酒（ ）（到问题5）

其他（ ）

4. 您喝啤酒吗？

是（ ）　　否（ ）（询问结束）

5. 您认为啤酒适合在正规场合还是在非正规场合喝？

正规场合（ ）　　非正规场合（ ）

两者都行（ ）

6. 您多长时间喝一次啤酒？

天天喝（ ）　　一星期一次（ ）

半个月一次（ ）　　一个月一次（ ）

一年几次（ ）

7. 您通常在何种场合喝啤酒？

日常进餐时（ ）　　来客人时（ ）

周末假日时（ ）　　聚会时（ ）

8. 您知道酒类用多个小瓶组合包装出售吗？

是（ ）　　否（ ）

9. 您认为将250ml的啤酒六个一组包装在一起销售这种方法如何？

好主意（ ）　　不好（ ）

无所谓（ ）

10. 为什么？________________

11. 您喝过××牌啤酒吗？

是(　)　　　　否(　)

12. 如果价格不比单瓶包装增加的话，您愿意购买这种包装的啤酒吗？

愿意(　)(到第14题)　　　　可能(　)

不愿意(　)　　　　不知道(　)

13. 您会在哪些场合使用这种小瓶包装的啤酒？

正常进餐时(　)　　　　特别节日时(　)

小型聚会时(　)　　　　周末(　)

大型聚会时(　)　　　　野餐时(　)

休息放松时(　)　　　　体育运动后(　)

其他(　)

14. 您希望在哪类商店买到这种包装的啤酒？

食品商店(　)　　　　专门商店(　)

百货公司(　)　　　　连锁超市(　)

其他(　)

15. 您觉得这种包装的啤酒应该与哪些酒类摆在一起？

白酒(　)　　　　香槟酒(　)

葡萄酒(　)　　　　其他啤酒(　)

饮料(　)　　　　其他(　)

谢谢您的合作！

(资料摘自《市场调查》陈启杰，高等教育出版社/上海社会科学院出版社，2001年7月，有改动)

试根据啤酒企业本次调查的具体目的和上述调查问卷初稿分析以下问题：

1. 该问卷初稿和问卷中问题的设计能否实现研究目标？
2. 对于问卷中的内容，有哪些需要进行修改？如何修改？
3. 可否再设计出其他问题，以便更好地实现调查目标？
4. 在回答以上问题的基础上，形成一个您认为更加满意的调查问卷。

案例1参考解答(没有最好的，只有要好的)

该问卷初稿和问卷中问题的设计基本能实现研究目标。但是对于辨别小瓶组新包装啤酒的潜在的购买者和使用者、判断潜在的市场大小等目标还未能实现。问卷中的内容有的需要修改，并增设一些其他问题，重新进行问题的排序，以便更好地实现调查目标。更加满意的调查问卷如下。

亲爱的女士、先生：

您好！

我是××公司的市场调研员。我们厂正在进行××牌啤酒新包装的市场调查，可以占用您几分钟时间问您几个问题吗？您所提供的信息对我们这次调查的结果相当重要。

××公司

××年×月×日

1. 您18岁了吗？(视情况发问)

是(　)　　否(　)(询问结束)

2. 您喝啤酒吗？

是(　)　　否(　)(询问结束)

3. 您认为啤酒适合在正规场合喝还是在非正规场合喝？

正规场合(　)　　非正规场合(　)

两者都行(　)　　不清楚(　)

4. 您通常在何种场合喝啤酒？

在家日常进餐时(　)　　家里来客人时(　)

身体劳累时(　)　　心情不好时(　)

周末假日时(　)　　朋友/同志聚会时(　)

工作需要时(　)　　其他(　)

5. 您多长时间喝一次啤酒？

天天喝(　)　　隔天喝(　)

每星期一次(　)　　半个月一次(　)

一个月一次(　)　　一年几次(　)

6. 您喝过××牌啤酒吗？

是(　)　　否(　)(询问结束)

7. 您喝××牌啤酒通常在哪里购买？

小零售商店(　)　　专门商店(　)

批发公司(　)　　连锁超市(　)

其他(　)

8. 您见到过或听说过多个小瓶组合包装出售的啤酒吗？

知道(　)　　不知道(　)(跳答10)

9. 你见到过或听说过的小瓶组合包装啤酒为多少瓶？

8个及以上(　)　　6个(　)

5 个( )　　　　4 个( )

3 个( )

10. 您认为将 250ml 的啤酒 6 个一组包装在一起销售,这种方法如何?

好主意( )　　　　不好( )

无所谓( )　　　　不清楚( )

11. 如果组合包装出售的价格不比单瓶包装高的话,您愿意购买组合包装的啤酒吗?

愿意( )(跳答 13)　　　　不愿意( )

不知道( )

12. 您会在哪些场合选用这种小瓶包装的啤酒?

正常进餐时( )　　　　特别节日时( )

小型聚会时( )　　　　周末( )

大型聚会时( )　　　　野餐时( )

休息放松时( )　　　　体育运动后( )

其他( )

13. 您希望在哪类商店买到这种包装的啤酒?

小零售商店( )　　　　专门商店( )

批发公司( )　　　　连锁超市( )

其他( )

14. 您觉得这种包装的啤酒应该与哪些酒类摆放在一起销售?

白酒( )　　　　香槟酒( )

葡萄酒( )　　　　其他啤酒( )

饮料( )　　　　其他( )

15. 您认为××牌啤酒改为 250ml 的六个一组包装在一起销售会增加销量吗?

会( )(回答 16)　　　　不会( )

16. 您认为主要是哪类顾客购买 250ml 六个一组包装的啤酒?

餐厅( )　　　　酒吧( )

家庭( )　　　　聚会( )

其他( )

17. 被调查者:男( )　女( )

18. 年龄:_______岁

19. 教育程度:小学以下( )　中学( )　大学( )　大学以上( )

20. 职业：工人（ ）　军人（ ）　学生（ ）　干部（ ）
　　教师（ ）　营业员（ ）　其他（ ）

21. 住址：________电话：________

谢谢您的合作！

案例 2

脑白金广告已经做了三年，目前上海健特生物公司正在思考是否应该对现行的广告宣传方式作一改变。请您就脑白金广告宣传方式拟定一份市场调查问卷。

案例 2 参考解答

脑白金广告效果调查问卷

亲爱的女士、先生：

您好！

我是上海健特生物公司的市场调研员。我们公司正在进行脑白金广告效果的市场调查，可以占用您几分钟时间问您几个问题吗？您所提供的信息对我们这次调查的结果相当重要。通过此问卷能反映您的看法和心声，这是我们最大的祈求，衷心的感谢您的参与。

上海健特生物公司
2008 年 8 月

1. 您的性别：A. 男　B. 女
2. 您的年龄：
   A. 20 岁以下　B. 20—30 岁
   C. 30—40 岁　D. 40—50 岁
   E. 50—60 岁　F. 60 岁及以上
3. 您的文化程度：
   A. 小学及以下　B. 初中
   C. 高中（中专）　D. 大专
   E. 大本及以上
4. 您的职业：
   A. 工人/商业服务人员　B. 农民/农民工
   C. 企业领导或管理人员　D. 机关/事业单位干部
   E. 一般职员、文员　F. 公检法/军人/武警
   G. 专业、文教、科技人员　H. 私营/个体劳动者
   I. 学生　J. 离退休人员

K. 下岗、失业人员　　L. 其他

5. 您知道脑白金这一保健品吗？

A. 知道　　B. 不知道(终止访问)

6. 您知道脑白金的广告口号吗？

A. 知道　　B. 不知道

7. 您觉得脑白金的广告口号“今年过节不收礼，不收礼呀不收礼，收礼只收脑白金，脑——白——金”如何？

A. 好　　B. 一般

C. 不好

8. 您服用过脑白金吗？

A. 服用过　　B. 没服用过(跳答 13)

9. 通常，您服用“脑白金”的频率是：

A. 每天 1 次以上　　B. 每天 1 次

C. 每周 4—6 次　　D. 每周 2—3 次

E. 每周 1 次　　F. 每月 2—3 次

G. 每月 1 次　　H. 不确定

10. 您一般是通过什么信息渠道了解“脑白金”的？

A. 电视广告、宣传　　B. 报纸广告、宣传

C. 电台广告、宣传　　D. 杂志广告、宣传

E. 商场促销　　F. 朋友介绍

G. 其他渠道

11. 您一般购买“脑白金”的渠道有：

A. 商场　　B. 超市

C. 批发市场　　D. 药店

E. 食品商店　　F. 其他

12. 您在购买“脑白金”时，通常注重的因素有：

A. 质量　　B. 价位

C. 口感　　D. 包装

E. 品牌　　F. 效果

G. 其他

13. 您是否喜欢“脑白金”能够经常有一些促销活动？

A. 喜欢　　B. 无所谓

C. 不喜欢

14. 您通常喜欢"脑白金"的哪种促销形式？

A. 降价　　B. 买一赠一

C. 赠送小礼品　　D. 加量不加价

E. 免费品尝并赠送小包装产品　　F. 其他

15. 您认为"脑白金"是一种：

A. 保健食品　　B. 保健药品

C. 治疗药品　　D. 说不清楚

16. 和其他类似产品相比，您认为"脑白金"：

A. 比其他产品好　　B. 和其他产品差不多

C. 没有其他产品好　　D. 说不清楚

17. 如果发现自己所买的保健产品，里面不含保健的成分或所含保健的成分极少，您通常会：

A. 有一种上当受骗的感觉，不会再买同类产品

B. 有一种上当受骗的感觉，但还会再买同类产品

C. 有一种上当受骗的感觉，不但自己不买，还会建议亲朋好友也不要去买同类产品

D. 无所谓

18. 如果您发现自己所买的保健类产品有质量问题，您通常会：

A. 找到销售商，要求退货

B. 找到生产企业，反映情况并要求退货

C. 到消费者协会等部门投诉

D. 忍了，但不会再买同类产品

19. 您认为需不需要国家尽快制定并实施保健品行业标准？

A. 非常需要　　B. 比较需要

C. 一般　　D. 不太需要

E. 根本不需要　　F. 说不清楚

20. 您觉得脑白金的容量如何？

A. 多　　B. 适当

C. 少

21. 您对脑白金的总体印象是？

A. 好　　B. 较好

C. 一般　　D. 不太好

E. 不好

22. 您认为脑白金广告应该在哪些方面进行改进？

案例 3

为了更好地进行高校教学改革，为满足社会需要，培养出合格的大学毕业生，××高校拟对在校学生进行跟踪调查。本调查拟实现以下研究目的：

(1) 全方位地跟踪在校生在校四年期间以至毕业一年后的成长历程；

(2) 系统地掌握在校生在知识、素质、技能和能力等方面的成长状况和发展过程资料；

(3) 分析、研究影响大学生成长的各种主客观因素；

(4) 指导学生参加调查研究，将跟踪调查的过程作为学生自我认识、自我教育，相互学习、取长补短的过程。

(5) 向有关领导和部门提供分析、研究的阶段性成果和最终成果；

(6) 根据阶段研究的结果对大学生及时施加正确的引导；

(7) 利用跟踪研究的结果，对全校学生的教育和培养提出合理化建议，制定针对性较强的具体措施。

请您根据以上研究目的，利用已经学过的知识，设计出一套完整的问卷调查方案。

案例 3 参考解答

××大学大学生成长历程调查问卷

同学：

您好！

我们正在进行的是有关我校大学生成长历程的调查。调查目的是了解学生的成长状况，以便学校更好的进行高校教学改革，满足社会的需要，培养出合格的大学生。这次调查将全方位的跟踪您在校四年期间以至毕业一年后的成长历程。这份调查问卷将占用您 10 分钟左右的时间，您的资料将会给我们的研究提供强有力的支持和帮助。请表达您真实的想法或看法。衷心的感谢您对本次调查的大力支持！

××大学大学生成长调研小组

2008 年 8 月

1. 您的基本情况

性别：□A 男　　□B 女　　来自______省、市、自治区

所学专业：□A 工科　　□B 理科　　□C 文科　　□D 外语

年级:□A 本科　□(1 年级)　□(2 年级)　□(3 年级)　□(4 年级)

□B 专科　□(1 年级)　□(2 年级)　□(3 年级)

户口类别:□A 城镇　□B 农村

2. 请问您是:□A 会计系　□B 计算机系　□C 管理系　□D 信统系

□E 文法系　□F 经贸系　□G 国经院

3. 您对所学专业的态度是:

□A 非常喜欢　□B 喜欢

□C 一般　□D 不喜欢

□E 很不喜欢

4. 您对所开设的专业课程总体上:

□A 非常满意　□B 满意

□C 一般　□D 不满意

□E 很不满意

5. 您认为自己现在最需要学习的知识是:

□A 专业知识　□B 政治理论知识

□C 社会知识　□D 学习方法

□E 交叉学科知识　□F 专业基础知识

□G 其他

6. 您认为学校应主要为学生提供哪些除传授知识以外的帮助?

□A 丰富生活、扩大视野的各项活动

□B 锻炼能力、展示才华的各种机会

□C 深入社会、适应需要的各种场合

□D 减少活动、集中学习的各种条件

7. 您的学习态度主要是:

□A 老师怎么教,我就怎么学

□B 有选择地学习老师和别人的知识

□C 为了应付考试而学习

□D 完全根据自己的需要而学习

8. 您对读书的总体态度是:

□A 非常喜欢　□B 喜欢

□C 一般　□D 不喜欢

□E 很不喜欢

9. 您感觉自己的大学生活:

□A 非常充实　　□B 充实
□C 一般　　□D 不充实
□E 很不充实

10. 您课余时间最喜欢的是：
□A 学习　　□B 文误体育活动
□C 参加社会实践　　□D 参加社团活动
□E 上网　　□F 交友
□G 其他

11. 您最喜欢哪种大学生活方式？
□A 埋头读书　　□B 锻炼能力
□C 广交朋友　　□D 多挣钱
□E 提高素质　　□F 培养技能
□G 吃喝玩乐　　□H 其他

12. 在大学阶段您主要从事过哪几类实践工作？
□A 家教　　□B 社会公益活动
□C 商业活动(如促销等)　　□D 企业兼职
□E 其他　　□F 无

13. 您在学校上网的频率是：
□A 每天一次以上　　□B 每 3 天 1 次
□C 每周一次　　□D 偶尔上
□E 几乎不上

14. 您上网主要是为了：
□A 玩游戏　　□B 查资料
□C 看新闻　　□D 聊天
□E 看电影　　□F 其他

15. 您是否谈过恋爱？
□A 是　　□B 否

16. 您认为大学谈恋爱的目的是：
□A 结婚　　□B 学习恋爱技巧
□C 好玩　　□D 了解异性
□E 其他

17. 您认为我校开展的下列教育相对比较好的是：(择三)
□A 马克思主义基本理论教育　　□B 爱国主义教育

□C 集体主义教育　　　　□D 社会主义教育
□E 形势政策教育　　　　□F 中华民族优良传统道德教育
□G 艰苦创业的革命传统教育　　　　□H 法制教育
□I 社会公德和职业道德教育　　　　□J 心理健康教育
□K 毕业教育和就业指导　　　　□L 文化素质教育

18. 您对大学生在宿舍内乱喊乱叫、乱扔杂物等行为：
□A 反对，学校应从严管理，从重处理，维护大学生形象
□B 反对，学校应加强教育引导，从轻处理
□C 赞成，这是个人自由
□D 无所谓
□E 不清楚

19. 请您对我校的下列方面进行评价：

	校园环境	住宿条件	伙食状况	文体活动	校园治安	校园文化
满意						
比较满意						
不满意						

20. 对您自己专业前景的评价：
□A 有发展前景　　　　□B 一般
□C 无发展前景

21. 在择业中，从专业角度总选择职业的态度：
□A 最好是与自己专业相关的职业　　□B 最好是与自己专业无关的职业
□C 无所谓　　　　□D 不确定

22. 您有信心在自己的专业上大干一番吗？
□A 有　　　　□B 没有
□C 说不清

24. 您认为自己的专业与社会需求的关系：
□A 暂时有矛盾，长远相适应　　　　□B 正相关，有好的发展
□C 一直相矛盾，需求量少　　　　□D 与专业没多少关系

25. 毕业后您的打算（择三）
□A 考硕士、博士　　　　□B 出国留学
□C 去国有大中型企业　　　　□D 去三资企业

□E 从事商贸、金融工作　　□F 从事党政管理工作
□G 从事科研教学工作　　□H 去乡镇集体企业
□I 目前还没想好　　□J 随遇而安
□K 其他

26. 您认为您或同学的打算考研(或二学位),其目的是:
□A 有志于学术研究
□B 提高在未来就业竞争中的实力
□C 当前就业难,工作不理想,先上学再说
□D 改变专业,以便今后有更好的出路
□E 不清楚

27. 您目前生活中感觉最苦恼的问题是(可多选)
□A 校内竞争激烈,学习紧张
□B 上学费用高,经济困难
□C 社会变革快,难以适应
□D 办学条件落后,不能满足日益增长的文化生活需要
□E 教学改革滞后,不能满足渴求知识的成才愿望
□F 社会竞争激烈,就业前途未卜
□G 对所学专业感到没有前途,失去兴趣
□H 集体中缺少温暖,同学中没有友谊
□I 陷入个人问题的矛盾中,不能自拔
□J 其他:________________

29. 您目前或将来选择职业的标准是:
□A 经济收入高　　□B 社会地位高
□C 学习条件好,有利于深造　　□D 工作条件好,能发挥才干
□E 条件艰苦,但大有可为　　□F 好就业
□G 专业对口　　□H 其他

30. 大学毕业前,最令人苦恼的是:
□A 没有理想的职业供选择
□B 选择机会不均等
□C 权势干扰毕业分配
□D 自身的知识能力不适应社会需求
□E 社会对大学生评价太低
□F 存在性别歧视

□G 其他

31. 以下的职业，如果选择机会均等，您首先选择：

□A 党政机关 □B 公司或外贸单位

□C 大学教师 □D 读研究生

□E 外资或合资单位 □F 国营企业

□G 集体企业 □H 中小学教师

33. 您认为周围大多数同学的兴趣在于：

□A 钻研专业知识 □B 读课外但对自己有用的书籍

□C 关心社会问题 □D 按社会需求锻炼自己

□E 旅游 □F 玩

□G 其他

34. 您认为目前的大学生活是：

□A 心情舒畅，充满生气

□B 心情压抑，前途未卜

□C 刻苦学习为将来工作打基础

□D 无所事事挨岁月，吃喝玩乐等文凭

35. 您对自己人生前途的态度是：

□A 很乐观 □B 命运难测

□C 过一天是一天 □D 奋力争取美好的明天

□E 很悲观

36. 您对自己目前的学习与生活状况：

□A 很满意 □B 不满意，想改变环境

□C 不满意但无可奈何 □D 无所谓

□E 还凑合

37. 对您及周围同学发生较大影响作用的社会信息传播途径是：

□A 报刊、电视、电台 □B 文学及艺术作品

□C 家长、朋友 □D 学校

□E 美术著作及文章

38. 您认为正在进行的形势与政策教育：

□A 效果很好，收获很大

□B 形式主义，效果不好

□C 有没有都行

□D 形势教育应当有，但有改进方法

□E 有报刊、电台足够，不要再搞形势教育

39. 您最希望学校为您提供哪类服务(可另外填写)？

□A 求职技巧培训 □B 职业生涯规划

□C 就业政策、形势分析 □D 就业心理咨询

□E 其他：____________________

40. 在择业前您有充分的准备吗(包括心理、技能和材料等)？

□A 有充分准备 □B 有些准备

□C 准备不充分 □D 根本没准备

□E 还没到时候

41. 择业中若碰了钉子，您会：

□A 自信心仍很强 □B 有挫折感，但不会退却

□C 打退堂鼓

42. 您对就业政策、制度的了解程度：

□A 很了解 □B 有所了解

□C 不大了解 □D 根本不了解

43. 您参加工作后至少能接受的月薪是：

□A1000 以下 □B1000—1500

□C1500 元以上 □D 无所谓

44. 您择业时首选地区是：

□A 家乡 □B 东南沿海等经济发达地区

□C 西部等边远地区 □D 京、沪等大城市

□E 其他____________________

45. 如果您选择沿海发达地区，主要考虑的因素是：

□A 经济收入 □B 个人发展机会

□C 思想观念 □D 知识或信息

□E 其他

46. 您首选的就业单位类型是：

□A 行政机关或事业单位 □B 学校或科研机构

□C 企业管理工作 □D 专业技术工作

□E 新兴咨询服务业 □F 高新技术企业

□G 其他____________________

47. 您获得就业信息的主要来源是(最多选三项)：

□A 学校就业指导部门 □B 各种招聘会

□C 老师、校友、学友　　□D 家庭、亲戚、朋友
□E INTERNET 网　　□F 杂志、报纸广告
□G 中介机构(如人才交流中心)　　□H 其他

48. 您主要通过哪种途径了解就业单位的情况：
□A 新闻媒体　　□B 调查暗访
□C 公司宣传　　□D 品牌
□E 实习　　□F 其他

49. 除了学校安排的供需见面机会，您择业的主要方式是：
□A 电话咨询　　□B 登门自荐
□C 邮寄材料　　□D INTERNET 网
□E 参加各种招聘会　　□F 其他

50. 您认为自己现在走出校门能适应社会吗？
□A 能　　□B 基本能
□C 不能

51. 您认为大学毕业生不愿意到基层就业的主要原因是：(最多选三项)
□A 不能适应　　□B 重视程度低
□C 待遇及环境差　　□D 信息接收慢
□E 社会经验不丰富，挑战太大　　□F 身体素质、个人婚姻等客观原因

52. 在您择业时对您影响最大的人是：
□A 父母　　□B 男友或女友
□C 老师　　□D 同学朋友
□E 其他________

53. 您认为在找单位过程中的主要因素有哪些(最多选三项)：
□A 学习成绩　　□B 各类获奖、等级证书
□C 实践经验　　□D 心理素质
□E 相貌及身高　　□F 应试技巧
□G 口头表达能力　　□H 社会关系
□I 其他________

54. 在就业之后您最关注什么：
□A 个人职业上的发展　　□B 未来的家庭
□C 深造机会　　□D 单位前景与经济收入
□F 其他

××大学毕业生调查部分

55. 您的文化程度：□A 本科以上　　□B 本科　　□C 大专
56. 您的单位所属行业：
    □A 教育　　□B 政府
    □C 金融　　□D 电信
    □E 能源　　□F 旅游
    □G 新闻　　□H 交通
    □I 科研　　□J 保险
    □K 其他__________(请填写)
57. 您的月收入是：
    □A 500－1000 元　　□B 1000－2000 元
    □C 2000－3000 元　　□D 3000 元以上
58. 您在大学里学习的是____________专业(请填写)
59. 您在大学里成绩如何
    □A 非常好　　□B 好
    □C 一般　　□D 不好
    □E 很不好
60. 您觉得大学生涯对你的工作是否有帮助
    □A 非常有帮助　　□B 有帮助
    □C 一般　　□D 没有帮助
    □E 毫无帮助
61. 您在大学生期间是否经常踊跃参加各种竞赛和活动
    □A 是　　□B 否
62. 您认为我院的毕业生在就业问题上有哪些不足之处
    □A 专业知识不够　　□B 知识面狭窄
    □C 社交能力差　　□D 其他________(请填写)
63. 您认为学校教学改革有哪些不足之处，请简要说明________
64. 您认为自己缺乏哪些方面的技能：
    □A 专业知识足　　□B 知识面不宽
    □C 社交能力不强　　□D 其他________(请补充)
65. 您对自我工作能力的评价是：
    □A 充满自信，是有能力的人

□B 对自己的能力不满意，还在努力

□C 虽有潜力，但努力不够

□D 能跟随大流

□E 尽力了，但人是有差别的

66. 您认为决定成功的最重要因素是什么？（最多可选三项）

□A 健康　　□B 文化水平

□C 处理人际关系的能力　　□D 勤奋，有恒心

□E 品德　　□F 外貌

□G 创新能力　　□H 机遇

□I 经济实力　　□J 其他

这次的调查就到这里，非常感谢您对我们工作的大力支持和帮助。占用您宝贵时间给您带来的不便还请您多多原谅。再次对您表示衷心的感谢！

案例 4

为了进一步全面系统地了解“计划生育户”目前的生活状况，帮助政府及有关部门制定更加切实可行、科学合理的奖励扶助政策，××市人口和计划生育委员会拟对“计划生育户”进行调查。本调查拟实现以下研究目的：

(1) 分析计划生育工作对被调查者本人身心状况的影响；

(2) 分析计划生育工作对“计划生育户”物质生活的影响；

(3) 考察计划生育辅助政策的实施效果；

(4) 摸索计划生育工作未来的工作重心。

(5) 根据研究结果，对××市未来的计划生育工作提出合理化建议。

请您根据以上研究目的，利用已经学过的知识，设计出一套完整的调查问卷。

案例 4 参考解答

关于农村“计划生育户”生存状况的调查问卷

前　言

乡亲们：

您好！

大家都知道，计划生育是我国的一项基本国策。自 70 年代初开始，我国计划生育政策逐步形成并全面推行。我国只用了 30 多年的时间，就几乎达到了发达国家需要一百多年才能完成的人口控制目标。

你们作为农村中的计划生育户，积极响应党和国家的号召，用自己的实际

行动，积极配合国家计划生育政策的落实。正是由于你们的支持和努力，我国的计划生育政策才取得了如此大的成绩，你们是功不可没的！与此同时，党和国家并没有忘记你们，一直不断通过各种方式和途径，了解你们的状况，解决你们的困难，帮助你们生活得更好！

为了进一步全面系统地了解“计划生育户”目前的生活状况，摸清你们在现实生活中所面临的各种困难，提供帮助你们解决困难的对策提供依据；也为政府及有关部门制定更加切实可行、科学合理的奖励扶助政策提供依据。××市人口和计划生育委员会制定了这份《关于农村“计划生育户”生存状况的调查问卷》。本问卷采用不记名方式，您的回答无所谓对与错，只要求能够真实地反映您的现实情况和内心想法。同时请您放心，对于您的回答和个人信息我们绝对保密。

在调查时要耽搁您一些时间，请您谅解并感谢您的支持与合作！

××市人口和计划生育委员会

2007 年 5 月

填写要求：

1. 请您在所选答案后面的方框内画勾；

2. 如果您觉得没有合适的选项，请您在“其他”选项后面的括号中写出您认为更合适的答案；

3. 凡是没有特别注明的题，均为单选题，即每个题只能选一个您认为比较合适的答案；

4. 对于有特别注明“可多选”的题，可以根据您的情况在备选答案中选择至少一个答案；

5. 最后一题是开放式问题，请您根据情况做简单的文字说明。

一、您及您家庭的基本情况

1. 您的家庭住址：

__________区(市、县)________镇(乡、街道)________村________组

2. 您的性别：□男，□女

3. 您的年龄：__________周岁

4. 您的文化程度：

(1) 不识字或很少识字 □　　(2) 小学 □

(3) 初中 □　　(4) 高中 □

(5) 大专及以上 □

5. 您的婚姻状况

(1) 初婚□　　(2) 再婚□

(3) 离婚□　　(4) 丧偶□

6. 您子女的情况

(1) 独生子□　　(2) 独生女□

(3) 一女一子□　　(4) 二女□

7. 您子女的年龄情况

独生子女：年龄：________周岁，性别________

非独生子女：老大年龄：________周岁，性别________

老二年龄：________周岁，性别________

8. 您子女的状况

(1) 已婚，上学□　　(2) 未婚，上学□

(3) 已婚，待业□　　(4) 未婚，待业□

(5) 已婚，工作□　　(6) 未婚，工作□

9. 与您同住的家庭人口数________人，其中包括(可以多选)：

(1) 丈夫□　　(2) 儿子□

(3) 儿媳□　　(4) 女儿□

(5) 女婿□　　(6) 婆婆□

(7) 公公□　　(8) 父亲□

(9) 母亲□　　(10) 孙女□

(11) 孙子□　　(12) 外孙女□

(13) 外孙子□　　(14) 其他(__________)

10. 您家庭的其他基本情况

您家有________亩地；您家有____________平方米(住宅面积)；

二、您的身心状况及家庭的生活状况

11. 您现在主要从事的是(可多选)：

(1) 外出打工□　　(2) 在家务农□

(3) 在家养殖□　　(4) 做小买卖□

(5) 做家庭小手工□　　(6) 家务□

(7) 其他(____________)

12. 您家庭的年收入总计大约在

(1) 5000 元及以下□　　(2) 5000—9999 元□

(3) 10000—19999 元□ (4) 20000—29999 元□
(5) 30000—39999 元□ (6) 40000—49999 元□
(7) 50000 元及以上□

13. 您目前生活中的主要支出是(可以多选)
(1) 生产支出(如买种子、化肥、农药、工具等) □
(2) 农业机械支出(如手扶拖拉机、收割机、播种机等) □
(3) 家庭耐用消费品支出(如电视、冰箱、洗衣机、摄像机等) □
(4) 日常生活支出(如吃、穿、用等支出) □
(5) 盖房子、买房子支出□ (6) 赡养老人支出□
(7) 孩子的学习支出□ (8) 子女婚嫁支出□
(9) 医药费用支出□ (10) 技术学习、培训支出□
(11) 礼尚往来支出□ (12) 交通通讯支出□
(13) 文化娱乐支出 (14) 其他支出(__________),
其中排第一位的是__________。

14. 您自己认为,您家庭的生活水平在全村处于
(1) 低收入水平□ (2) 中下收入水平□
(3) 中等水平□ (4) 中上收入水平□
(5) 较高收入水平□ (6) 高收入水平□

15. 您对自己目前生活的满意程度是
(1) 很满意□ (2) 较满意□
(3) 一般□ (4) 不太满意□
(5) 很不满意□

16. 您认为您生育的主要目的是(可以多选)
(1) 享受天伦之乐□ (2) 养老保障□
(3) 为国家培养人才□ (4) 增近夫妻感情□
(5) 传宗接代□ (6) 增加家庭劳力□
(7) 没有目的的自然现象□ (8) 女人的天职□
(9) 提高家庭社会地位□ (10) 使丈夫和公婆满意□
(11) 壮大家庭势力□ (12) 其他(__________)

17. 您当初实行计划生育的原因是(可以多选)
(1) 村里强制执行□ (2) 用工单位强制执行□
(3) 自愿按照国家政策生育□ (4) 自己失去生育能力□
(5) 因经济、家庭等原因不愿意再生□

(6) 为了享受到计划生育家庭的政策待遇□

18. 如果国家不实行计划生育政策，你希望有______个男孩；______个女孩。

19. 您认为少生孩子有哪些好处(可以多选)

(1) 减轻家庭的经济负担□　(2) 把更多精力用在工作上，尽快致富□
(3) 减轻自己的精神压力□　(4) 帮助减轻社会人口过剩问题□
(5) 使子女有更好的发展前景□　(6) 有更多的时间和精力健康娱乐□
(7) 提高孩子的教育质量□　(8) 享受到国家计划生育政策上的扶持□

20. 作为计划生育户，您所感到的压力主要有(可以多选)

(1) 孩子少，太孤单□　(2) 孩子少，太难教育□
(3) 没有男孩，不能传承“香火”□　(4) 没有男孩，抬不起头来□
(5) 没有男孩，在老人心目中没有地位□
(6) 没有男孩，在丈夫心目中没有地位□
(7) 没有女孩，没有小棉袄□　(8) 女孩出嫁后，没有养老保障□
(9) 怕孩子生病□　(10) 怕孩子出现意外□
(11) 担心子女婚后的生活□　(12) 两代人之间的关系难处□
(13) 与已婚子女的居住问题□　(14) 年老时的生活照料问题□
(15) 年老时的精神赡养问题□　(16) 年老后给子女带来太大经济负担□
(17) 没有感到额外的精神压力□　(18) 其他(______)

21. 您认为未来理想的养老模式是

(1) 指望女儿养老□　(2) 指望儿子养老□
(3) 自己独立生活□　(4) 去养老院养老□
(5) 亲朋一起养老□　(6) 其他(______)

22. 作为计划生育户，总体上您感到(相邻 2 个中选 1 个)

(1) 听政府的话，少生孩子，吃亏了□
(2) 听政府的话，少生孩子，受益了□
(3) 胆子小，少生孩子，吃亏了□
(4) 胆子小，少生孩子，受益了□
(5) 富了，没当上“超生游击队”，吃亏了□
(6) 富了，没当上“超生游击队”，受益了□

23. 您赞同下面哪些观点(请在合适的栏内打“√”)

观　点	很赞同	较赞同	一般	较不赞同	很不赞同
越生越穷					
越穷越生					
养儿防老					
养女吃亏					
少生光荣					
多生可耻					
多子多福					
少生快富					

24. 您目前的身体健康状况

(1) 很健康□　　(2) 较健康□

(3) 一般□　　(4) 不太健康□

(5) 很不健康□

25. 您家庭主要成员的健康状况

(1) 您家庭成员中有没有残疾的？①有□　②无□

(2) 您家庭成员中有没有重大疾病的？①有□　②无□

26. 您的配偶曾经或正在患有如下妇科病吗(可以多选)

(1) 外阴炎□　　(2) 阴道炎□

(3) 宫颈炎□　　(4) 输卵管炎□

(5) 盆腔炎□　　(6) 附件炎□

(7) 宫颈糜烂□　　(8) 乳腺增生□

(9) 乳腺癌□　　(10) 子宫肌瘤□

(11) 卵巢囊肿□　　(12) 卵巢癌□

(13) 宫颈癌□　　(14) 其他(＿＿＿＿＿＿)

27. 您目前已经享受到的哪些“计划生育户”扶助与奖励(可以多选)

(1) 曾因计划生育,享受到一次性奖励□

(2) 因成为独生女子父母,享受到一次性奖励□

(3) 因成为独生子女父母,享受到按月发放的奖励费□

(4) 因是计划生育家庭,享受到低保、免费医疗等待遇□

(5) 因成为双女户,享受到一次性奖励□

(6) 因年满六十周岁,享受到一次性扶助金□

(7) 因年满六十周岁,享受到按月发放的扶助金□

(8) 因是计划生育贫困家庭,享受到"民心工程"帮扶□

(9) 因是贫困独生女大学生,享受到"关爱女孩行动"专项基金□

(10) 因独生子女伤残、死亡,获得家庭扶助□

(11) 享受到计划生育免费基本技术服务□

(12) 因长效节育,获得奖励□

(13) 获得节育手术保险□

(14) 享受到计划生育特困户生活救助□

(15) 因是独生子女家庭,子女在升学、就业时享受到优待□

(16) 根本没有享受到任何扶助或奖励□

(17) 其他(______________)

28. 您对目前政府对"计划生育户"的扶助政策总体上的满意程度是

(1) 很满意□　　(2) 较满意□

(3) 一般□　　(4) 较不满意□

(5) 很不满意□

29. 作为"计划生育户",您认为现在和将来在生活上有哪些困难(可以多选)

(1) 与女子沟通难□　　(2) 子女教育难□

(3) 劳力少,生活难□　　(4) 子女成家后,孤单□

(5) 经济上养老难□　　(6) 精神上养老难□

(7) 治病、看病难□　　(8) 要求子女照顾难□

(9) 子女经济上赡养老人难□　　(10) 其他(______________)

其中,最大的困难是______________。

30. 作为"计划生育户",您希望得到什么(可以多选)

(1) 以国家的名义发给每户一个光荣证□

(2) 以地方政府的名义每月提供一定的经济补助□

(3) 以地方政府的名义为单女户提供额外的奖励□

(4) 提供定期免费体检□　　(5) 提供医疗保险□

(6) 为孩子提供人身保险□　　(7) 得到同村人的理解□

(8) 得到丈夫和公婆的理解□　　(9) 其他(______________)

31. 您认为计划生育户与非计划生育户在哪些方面存在明显的差异(可以多选)

(1) 在养老需求上存在着差别□　　(2) 在养老能力上存在着差别□

(3) 在自养能力上存在着差别□　　(4) 在储蓄水平上存在着差别□

(5) 在子女收入能力上存在着差别□

(6) 在同村人心目中的地位存在着差别□

(7) 其他(____________)

32. 您认为在农村中更好推行计划生育政策,应解决哪些问题(可以多选)

(1) 收入问题□　　(2) 养老保障问题□

(3) 生产条件改善问题□　　(4) 子女教育问题□

(5) 看病医疗费的问题□　　(6) 卫生改善问题□

(7) 转变思想观念问题□　　(8) 丰富业余生活的问题

其中最重要的是____________

33. 您对农村开展的"计划生育"工作有哪些建议和意见?请写出:

祝您身体健康,工作顺利!

案例 5

为了更好指导女大学生就业,为女大学生在择业、就业中提供切实的帮助,××市妇联及××妇女研究所拟对××地区高校女大学生的就业状况进行调查。本调查拟实现以下研究目的:

(1) 全方位地了解女大学生的就业状况;

(2) 分析影响女大学生就业的主要因素;

(3) 考察导致女大学生就业困难的重要原因;

(4) 寻找女大学生择业、就业的有效途径;

(5) 根据研究结果对女大学生提供切实的就业指导与帮助。

请您根据以上研究目的,利用已经学过的知识,设计出一套完整的问卷调查方案。

案例 5 参考答案

××地区女大学生就业状况调查问卷

亲爱的女大学生:

您好!

随着我国经济的发展和社会的进步,越来越多的女性选择在市场经济的大潮中实现自身的价值。但是,近年来随着高校大规模扩招,大学生开始面临着就业难的问题,女大学生就业难的问题就更加突出。为了更好地了解当前女大学生就业状况,明晰女大学生就业的影响因素,探究女大学生就业难的成因,寻找女大学生就业和发展的有效途径,为女大学生在择业、就业时提供更加切实的指导与帮助,我们特别在××地区的高校组织进行这次"××地区女大学生就业状况调查”。本次调查的问卷采用不记名方式，问卷中所提问题的答案无所谓正确与错误，请您根据自己的实际情况如实填写。本问卷不对外公开，不以个体资料呈现，绝对保密，希望能够得到您的支持和配合。

谢谢！

××市妇联

××妇女研究所

2008年6月

1. 您毕业或在读学校的名称：＿＿＿＿＿＿＿＿＿＿。

2. 您所学专业属于哪个学科门类（　　）：

(1) 哲学□　　(2) 经济学□

(3) 法学□　　(4) 文学□

(5) 史学□　　(6) 理学□

(7) 工学□　　(8) 医学□

(9) 管理学□　　(10) 艺术□

3. 您已毕业或将毕业于＿＿＿＿年。

4. 您来自（　　）：

(1) ××市□　　(2) 省内市外□

(3) 北方城市□　　(4) 南方城市□

5. 您的家庭所在地（　　）：

(1) 大城市□　　(2) 中小城市□

(3) 城镇□　　(4) 乡村□

6. 您是否为独生子女（　　）：(1) 是□　　(2) 否□

7. 您现在的家庭经济状况（　　）：

(1) 很好□　　(2) 良好□

(3) 一般□　　(4) 较差□

(5) 很差□

8. 您目前的工作状况（　　）：

(1) 已有稳定的工作□　　(2) 已有临时性的工作□

(3) 正准备换工作□　　(4) 开始找工作□

(5) 还没开始找工作□　　(6) 其他□（请注明：＿＿＿＿）

9. 您目前的求职状况（　　）：

(1) 正在积极地找工作□　　(2) 正在不紧不慢地找工作□

(3) 还没有开始找工作□　　(4) 根本不想找工作□

(5) 有稳定的工作不再找工作□　(6) 其他□(请注明：________)

10. 您在大学期间的学习成绩(　　)：

(1) 很好□　(2) 较好□

(3) 一般□　(4) 较差□

(5) 很差□

11. 您在校期间对校内外活动的热衷程度(　　)：

(1) 非常热衷□　(2) 较热衷□

(3) 一般□　(4) 不太热衷□

(5) 根本不热衷□　(6) 不好说□

12. 在校期间，您在学生会、团委、社团中的任职情况(　　)(可多选)

(1) 校级主要干部□　(2) 校级一般干部□

(3) 院(系) 级主要干部□　(4) 院(系) 级一般干部□

(5) 班级主要干部□　(6) 班级一般干部□

(7) 社团主要干部□　(8) 社团一般干部□

(9) 学生会、团委或社团一般成员□(10) 没有过任何任职□

(11) 其他□(请注明____________________)

13. 在校期间，您曾做过(　　)(可多选)

(1) 短期家教□　(2) 长期家教□

(3) 偶尔打短工□　(4) 经常打短工□

(5) 企业兼职□　(6) 个体生意□

(7) 学校兼职□　(8) 其他□(请注明__________)

14. 在校期间，您参加过以下哪些考试(　　)(可多选)

(1) 报关员、报检员□　(2) 人力资源师□

(3) 注册会计师□　(4) 物流师□

(5) 证券分析师□　(6) 计算机等级□

(7) 全国大学英语四、六级考试□　(8) 剑桥商务英语□

(9) 公务员□　(10) 研究生□

(11) 托业考试□　(12) 各种上岗证□

(13) 小语种等级(日语、韩语等)□　(14) 托福、雅思或者 GRE□

(15) 各种其他专业证书□(请注明____________)

(16) 各种其他非专业技能证书□(请注明____________)

15. 您对自己在校期间各方面的自我评价(请在下表中合适的栏内打“√”)

	非常满意	比较满意	一般	较不满意	根本不满意
	5	4	3	2	1
获奖学金情况					
获各种奖励情况					
人际交往能力					
组织协调能力					
专业实践能力					
综合素质					

16. 您认为工作对于女生(　　)

(1) 非常重要□　　(2) 比较重要□

(3) 一般□　　(4) 不重要□

(5) 非常不重要□　　(6) 说不清楚□

17. 在校期间,您曾做过哪些就业准备(　　)(可多选)?

(1) 有明确的就业目标与方向□　　(2) 有人生及职业规划□

(3) 看过有关求职方面的书□　　(4) 听过求职方面的讲座□

(5) 上过就业指导方面的课程□　　(6) 考过与职业相关的技术证书□

(7) 做过职业能力测评□　　(8) 接触并请教过有相关经验的人□

(9) 平时注意搜集求职信息□　　(10) 去相关单位实习□

(11) 什么也没做过□　　(12) 其他□(请注明:________)

18. 您毕业时的打算是(　　)(可多选)

(1) 考研□　　(2) 考托福、雅思、GRE 等□

(3) 考公务员□

(4) 考证(如计算机、专业技术等方面的证书)□

(5) 出国留学□　　(6) 找工作□

(7) 自主创业□　　(8) 结婚□

(9) 做"自由职业者"□　　(10) 其他□(请注明:________)

19. 您认为目前女大学生找工作的急切程度总体上(　　):

(1) 很急□　　(2) 较急□

(3) 一般□　　(4) 不太急□

(5) 一点也不急□　　(6) 不清楚□

20. 您的基本就业观是(　　)(可多选)

(1) 响应国家号召□　　(2) 注重专业对口□
(3) 发挥个人特长□　　(4) 符合本人兴趣□
(5) 从实际出发□　　(6) 宁缺勿滥□
(7) 随遇而安□　　(8) 一但选择定终身□
(9) 先就业再择业□　　(10) 先择业再就业□
(11) 自主创业□　　(12) 完全自主选择□
(13) 听从父母安排□　　(14) 其他□(请注明)(__________)

21. 您认为女大学生在求职与择业时要考虑的重要因素是(　　)(可多选)

(1) 所在城市□　　(2) 职业的社会地位□
(3) 职业的发展空间□　　(4) 行业发展前景□
(5) 专业对口□　　(6) 工作与兴趣相投□
(7) 单位所有制性质□　　(8) 企业知名度□
(9) 企业规模□　　(10) 工作单位地点□
(11) 企业文化□　　(12) 收入□
(13) 福利待遇□　　(14) 工作环境□
(15) 工作稳定性□　　(16) 工作压力□
(17) 其他□(请标明)(__________)

22. 您认为女大学生第一份工作的月薪期望值应在(　　):

(1) 800元及以下□　　(2) 800—1000元□
(3) 1000—1200元□　　(4) 1200—1500元□
(5) 1500—2000元□　　(6) 2000—3000元□
(7) 3000—5000元□　　(8) 5000元以上□

23. 您认为女大学生在选择职业时对城市的选择偏向于(　　)(可多选)

(1) 大城市□　　(2) 中等城市□
(3) 小城镇□　　(4) 乡村□
(5) 直辖市□　　(6) 省会城市□
(7) 沿海城市□　　(8) 内陆城市□
(9) 父母家所在地□　　(10) 东南部经济发达地区□
(11) 中西部经济欠发达地区□　　(12) 不受城市限制□
(13) 暂时还没有考虑好□　　(14) 其他□(请注明:__________)

24. 您认为作为一名女大学生,在哪种性质的企事业工作比较合适(　　):

(1) 政府机关□　　(2) 事业单位□
(3) 国有企业□　　(4) 外资企业□
(5) 中外合资企业□　　(6) 民营企业□
(7) 私人企业□　　(8) 高等院校□
(9) 科研单位□　　(10) 其他□(请注明) (＿＿＿＿＿)

25. 您认为女大学生在哪种规模的企事业单位工作比较合适(　　)?
(1) 大型□　　(2) 中型□
(3) 小型□　　(4) 无所谓□

26. 您认为女大学生对以下问题的重视程度是(请在下表中合适的栏内打"√")

	非常重视	比较重视	一般	不太重视	根本不重视
	5	4	3	2	1
专业对口					
本人兴趣					
工资及福利待遇					
解决户口与否					
工作地点					
发展空间					
职业的社会地位					
工作稳定性					
企业知名度					
行业发展前景					

27. 您认为女大学生寻找工作的主要渠道有(　　)(可多选)
(1) 参加学校招聘会□　　(2) 参加社会招聘会□
(3) 在网上应聘□　　(4) 由学校推荐□
(5) 由老师推荐□　　(6) 由父母、亲朋推荐□
(7) 参加应聘考试(如公务员考试、企业用人考试等)□
(8) 通过实习和社会实践获得工作□　　(9) 自己到人才市场应聘□
(10) 到用人单位自荐□　　(11) 利用新闻媒体上的招聘信息□
(12) 自主创业□　　(13) 其他□(请注明) (＿＿＿＿＿)

28. 您对自主创业的想法是(　　)：

(1) 早就有创业的打算，一毕业就创业□

(2) 想等工作一段时间后，有一定经验和资金后，再创业□

(3) 不想创业，只想拥有一份安稳的工作□

(4) 如果实在找不到合适的工作，才考虑创业□

(5) 这是男人做的事情，无论如何也不会打算创业□

(6) 从来没有考虑过这个问题□

(7) 其他□(请注明)(__________)

29. 您对女大学生就业形势的看法是(请在下表中合适的栏内打"√")

	非常乐观	比较乐观	一般	不太乐观	非常不乐观
	5	4	3	2	1
当前就业形势					
未来就业形势					
个人的就业前景					

30. 您认为女生获得理想工作的原因是(　　)(可多选)

(1) 学习成绩□　　(2) 专业技能□

(3) 综合素质□　　(4) 外貌□

(5) 口才□　　(6) 聪明□

(7) 家庭背景□　　(8) 其他□(请注明)(______)

31. 您认为女大学生在求职中失利的主观因素有(　　)(可多选)

(1) 太注重考证□　　(2) 太注重书本知识□

(3) 太注重专业知识□　　(4) 没有专业资格证书□

(5) 学习成绩不好□　　(6) 社会实践少□

(7) 专业动手能力差□　　(8) 自身综合素质不高□

(9) 社交能力不强□　　(10) 心理承受能力弱□

(11) 依赖心理较严重□　　(12) 自信心不足□

(13) 招聘信息不灵□　　(14) 缺乏求职技巧□

(15) 对就业政策不了解□　　(16) 缺乏职业选择训练□

(17) 其他□(请注明)(__________)

32. 您认为女大学生在求职中失利的客观因素有(　　)(可多选)

(1) 毕业生人数多□　　(2) 适合女生就业的岗位少□

(3) 专业设置不适应市场需求□　(4) 性别歧视普遍存在□
(5) 社会关系缺乏□　(6) 家长干预太多□
(7) 其他□(请注明)(______)

33. 您认为作为一名女大学生,在找工作过程中的主要障碍有(　　)(可多选)

(1) 性别□　(2) 身高□
(3) 民族□　(4) 容貌□
(5) 体重□　(6) 所学专业□
(7) 毕业学校□　(8) 家庭出身□
(9) 心态□　(10) 专业能力□
(11) 外语水平□　(12) 工作经验□
(13) 性格□　(14) 综合素质□
(15) 学习成绩□　(16) 择业期望□
(17) 就业信息□　(18) 社会关系□
(19) 个人特长□　(20) 家长干预□
(21) 学校指导□　(22) 人际沟通能力□
(23) 其他□(请标明)(______)

34. 您认为女大学生在求职和就业中遭遇到的性别歧视问题(　　)

(1) 很严重□　(2) 比较严重□
(3) 一般□　(4) 不太严重□
(5) 根本不严重□　(6) 不清楚□

35. 按聘用单位性质,请您对求职和就业中的性别歧视情况按重轻程度排序。

(1) 政府机关□　(2) 事业单位□
(3) 国有企业□　(4) 外资企业□
(5) 中外合资企业□　(6) 民营企业□
(7) 私人企业□　(8) 高等院校□
(9) 科研单位□　(10) 其他□(请注明)(______)

第一________;第二________;第三________。

36. 您听说或亲眼所见的显性性别歧视表现有(　　)(可多选)

(1)"限男性"□　(2)"男性优先"□
(3) ××岗位(男)□　(4) 文秘岗位:"只要男性"□
(5)"只招收男性"□　(6) 理工类岗位:"不招女生"□

(7)“业务员,限男性”□　　(8) 在招聘启事中声明:“不招女生”□

(9)“能喝酒、擅长文艺”□　　(10) 面试通知时有男无女□

(11) 招办公室女文秘,身高高于165厘米的不要,低于158厘米的也不要,为了配合办公室主任172厘米的身高!□

(12) 其他□(请注明)(________________)

37. 您听说或亲身体验过的隐性性别歧视表现有(　　)(可多选)

(1) 问女性有没有男朋友□

(2) 问女性有没有和男朋友同居□

(3) 问女性男朋友在本地还是在外地□

(4) 要求女性进行“孕检”□

(5) 问女性打算几年内结婚生孩子□

(6) 工作后数年内不得怀孕等□

(7) 其他□(请注明)(__________)

38. 您对性别歧视问题的态度(　　)(可多选)

(1) 愤怒□　　(2) 无奈□

(3) 沉默□　　(4) 非常痛恨□

(5) 无所谓□　　(6) 能理解□

(7) 其他□(请注明)(__________)

39. 您对以下观点的看法是(请在下表中合适的栏内打“√”)

	非常同意	比较同意	一般	比较不同意	根本不同意
	5	4	3	2	1
干得好不如嫁得好					
家庭美满才是女性的成功					
家庭中的女性必须自立					
职场上的女性必须自信					
女性必须在经济上独立					
全职太太是一种现代的选择					
嫁个有钱老公是女人的追求					
男大学生能力比女大学生强					
女生自信心低于男生					

40. 在择业过程中，您最希望学校提供的指导服务是(　　)(可多选)

(1) 就业心理咨询□　　(2) 就业信息发布□

(3) 职业能力测评及生涯设计□　(4) 就业政策、形势分析□

(5) 求职面试技巧培训□　　(6) 其他□(请标明)(________)

41. 您希望在就业方面得到哪些帮助(　　)(可多选)

(1) 对性别歧视进行法律干预□

(2) 对性别歧视进行政策干预□

(3) 高校应对女毕业生择业进行有针对性的指导□

(4) 利用各种信息渠道，拓宽女毕业生的就业途径□

(5) 设置专项奖励，对真心接纳女大学的单位进行表奖□

(6) 政府向女大学生提供创业贷款或津贴，鼓励女大学生自主创业□

(7) 除特殊行业外，政府应对低于50%女性录用比例的用人单位，增加生育基金、养老保险及相关项目的额度，以鼓励用人单位录用女性□

(8) 政府有关部门应该规定国有企事业单位在人才招聘中，录用的女性必须要有一定的比例□

(9) 举办女性专场招聘会□

(10) 建立女大学生人才储备中心，并提供免费的推荐服务□

(11) 其他□(请注明)(____________)

42. 您希望学校为应届女毕业生就业提供哪些方面的具体指导？

____

____

衷心感谢您的支持！

第五章

传统市场调查方法

指点迷津

通过本章学习，了解文案调查法、邮寄问卷调查法、面访调查法、小组座谈法、电话调查法、观察法以及实验法的涵义、特点、实施过程、各自的优缺点以及应用范围。

脉络框架

（见下页。）

习题练兵

一、名词解释

1. 文案调查法　2. 邮寄问卷调查法　3. 无回答率
4. 定期性调查　5. 居民入户调查　6. 个别采访
7. 小组座谈法　8. 传统电话调查　9. 观察法
10. 参与观察　11. 非参与观察　12. 完全参与观察
13. 部分参与观察　14. 实验法

二、填空题

1. 文案调查就是对______的收集、整理、加工、分析。

传统市场调查方法(一)

- 文案调查法
  - 涵义和特点
  - 文案资料的来源
    - 企业内部资料
    - 企业内部资料
  - 实施步骤
    - 评价现有资料
    - 寻找收集情报的途径
    - 资料筛选
    - 文案市场调查报告的撰写
  - 文案资料的检索
    - 参考文献查找法
    - 检索工具查找法
  - 优缺点及应用
- 邮寄问卷调查法
  - 涵义和特点
  - 程序
    - 设计问卷
    - 确定调查方式
    - 预调查
    - 正式调查
    - 补充调查
  - 无回答问题
    - 无回答率
    - 补救措施
      - 再次邮寄问卷
      - 电话协助调查
      - 二重抽样
  - 优缺点及应用
- 面访调查法
  - 涵义和特点
  - 类型
    - 居民入户调查
    - 个别采访
  - 方式
    - 标准式面访
    - 非标准式面访
  - 程序与技巧
    - 访问前的准备
    - 进入面访
    - 调查过程的技巧(提问、追问、澄清、非语言控制)
    - 结束面谈
  - 随机化回答技术
    - 概念
    - 沃纳随机化回答模型
    - 西蒙斯随机化回答模型
  - 优缺点及应用

- 传统市场调查方法(二)
  - 小组座谈法
    - 涵义和特点
    - 实施步骤
      - 会前的准备工作
        - 明确会议主题
        - 设计调查提纲
        - 确定会议规模和人员
        - 选择会议的场所和时间
      - 过程的指导和控制
        - 打破短暂的沉默
        - 把握会议的主题
        - 做好与会者之间的协调工作
        - 做好会议记录。
      - 做好会后的工作
        - 及时整理会议记录
        - 回顾和研究会议的情况
        - 进一步查证事实,并做必要的补充调查
    - 优缺点及应用
  - 电话调查法
    - 涵义和特点
    - 问题设置
      - 调查内容主题突出,问题数量不宜过多
      - 注意选择适当的回答问题的方式
      - 尽量避免回忆性的问题
    - 样本选取
      - 利用抽样框抽选调查单位
      - 有意识地选择调查单位
      - 随机拨号
    - 记录方式(文字记录、代码记录、录音记录、临时性标号记录等)
  - 观察法
    - 涵义和特点
    - 类型
      - 对无意识现象的观察
      - 对有意识现象的观察
        - 参与观察
          - 完全参与
          - 部分参与
        - 非参与观察
    - 观察方案设计
    - 记录技术(观察卡片、速记、记忆、机械记录)
    - 优缺点及应用
  - 实验法
    - 涵义和特点
    - 实施步骤
      - 将研究的问题转化成有关的变量
      - 选择实验对象
      - 确定实验方案
      - 控制实验环境
      - 收集实验数据
    - 实验方案的设计
      - 单一实验组设计
      - 实验对照设计
    - 优缺点及应用

2. 问卷调查完全依靠__________进行，所有被调查者在接受调查的过程中受到的外部刺激是相同的，因而是一种______的调查。

3. __________又叫模拟调查，是指在正式调查之前进行的规模较小的具有实验性质的调查。

4. 根据不同的调查对象，面访调查可以主要分为_________和_________。

5. 随机回答技术是用来对__________进行调查，并根据调查结果对总体的__________进行数量推算的一个面访调查方法。

6. 调查提纲通常要由_________、_________与_________三者共同研究确定。

7. 调查会议的规模大小，取决于___________和_____________。

8. __________通常用于探索性或有一定深度的专题调查。

9. 实验对照设计就是分别选择一批实验对象和对照对象，组成____________和____________。

10. 小组座谈的人数一般为_________________人。

三、单项选择题

1. 研究企业亏损问题，就要选择一些亏损企业的厂长，经理进行面访，这属于(　)。

A. 个别采访　　B. 居民入户调查
C. 小组座谈法　　D. 观察法

2. 在面访过程中，有时候被调查者要求进一步了解所提的问题，调查者要进行适当的解释。这时，调查员的解释称为(　)。

A. 追问　　B. 澄清
C. 提问　　D. 陈述

3. 从事电话调查的专家认为，电话调查的时间一般应控制在(　)分钟左右。

A. 20　　B. 10
C. 5　　D. 30

4. 在面访调查中何时结束访问不是根据下面哪个要素决定？(　)

A. 访谈内容　　B. 访谈气氛
C. 访谈时间　　D. 主持人素质

5. 对于一些热点问题或突发性问题的快速调查一般采用(　)。

A. 面访调查　　B. 实验法
C. 电话调查　　D. 邮寄问卷调查

6. 到商场观察消费者对某种新产品的反应，属于(　)。

A. 对无意识现象的观察　　B. 部分参与观察

C. 完全参与观察　　D. 非参与观察

7. 通过某产品广告前和广告后销售量的比较，分析广告对销售量的影响，应采用(　)进行调查。

A. 实验法　　B. 观察法

C. 数据分析　　D. 问卷调查法

8. 以下不属于邮寄问卷调查法缺点的是(　)。

A. 花费的时间较长　　B. 回收率低

C. 保密性差　　D. 问卷填写的质量难以控制

9. 下面哪种调查方法回答率最高(　)。

A. 面访调查　　B. 实验法

C. 电话调查　　D. 邮寄问卷调查

10. 下面哪种调查方法费用最省(　)。

A. 面访调查　　B. 实验法

C. 邮寄问卷调查　　D. 电话调查

四、多项选择题

1. 属于文案调查法内部资料来源的有(　　)。

A. 企业订货单　　B. 企业财务报表

C. 相关行业报告　　D. 企业调研报告

2. 查找文献的方法主要有(　　)。

A. 快速浏览法　　B. 参考文献查找法

C. 检索工具查找法　　D. 资料文献筛选法

3. 对无回答的补救措施包括(　　)。

A. 调查员补充　　B. 再次邮寄问卷

C. 电话协助调查　　D. 二重抽样

4. 个别采访的优点有(　　)。

A. 调查有深度　　B. 匿名较高

C. 灵活性较高　　D. 拒答率较低

5. 面访调查前的准备工作主要有(　　)。

A. 设计访问提纲　　B. 选择被调查者

C. 确定访问时间地点　　D. 准备记录工具

6. 追问的方法有(　　)。

A. 正面追问　　B. 侧面追问
C. 反激追问　　D. 系统追问

7. 在小组座谈法实施中主持人应该做哪些工作？(　　)。
A. 打破沉默　　B. 把握会议主题
C. 做好协调工作　　D. 做出决策

8. 电话调查的优点有(　　)。
A. 时效快　　B. 费用低
C. 回答率高　　D. 适合敏感性问题

9. 参与观察根据参与程度的不同，可以分为(　　)。
A. 完全参与观察　　B. 非参与观察
C. 对无意识现象的观察　　D. 部分参与观察

10. WB 实验法的局限性有(　　)。
A. 时间长　　B. 费用高
C. 保密性差　　D. 时效性差

五、简答题

1. 简述文案调查法的特点。
2. 文案调查法如何检索资料？
3. 简述文案调查法的优缺点。
4. 邮寄问卷调查法应用于哪些方面？
5. 简述面访调查法的特点。
6. 简述标准式面访和非标准式面访的区别。
7. 影响提问方式的因素有哪些？
8. 随机化回答技术的基本特征是什么？
9. 试比较沃纳模型与西蒙斯模型。
10. 简述小组座谈法的优缺点。
11. 简述小组座谈法的实施步骤。
12. 小组座谈法应用于哪些方面？
13. 电话调查如何抽取调查样本？
14. 简述观察法的优缺点。
15. 实验法一般包括哪几个步骤？

六、案例分析题

1. 通过本章的学习讨论可以采用哪些调查方法进行企业品牌形象研究？

2. 杰克刚刚从得克萨斯大学阿灵顿分校获得营销调研理学硕士学位(master of marketing research,MSMR)。他接受了在美国尼桑公司的职位,作为市场调查人员被分派到一个产品经营组工作。这个产品经营组正在进行一项紧急任务,要分析目前全球市场上汽车产品组合,并向高级管理者推荐未来10年内汽车产品的需求。

这一过程的第一阶段是对不同细分市场进行背景分析(例如,轻便的实用汽车、跑车、豪华轿车等)。若干个市场调查组被分派对不同的细分市场进行背景研究。杰克被分派分析跑车市场,他需要在第二天早晨之前完成初步分析,并在会议上汇报他的分析以及对该市场的潜力和未来趋势的初步结论。

在非常有限的时间条件下,杰克知道要及时完成他的报告,唯一的希望就是利用二手资料,假如你是杰克,可以利用的二手资料有哪些?根据你所获得的二手资料,完成一份报告,内容包括以下几点:

1. 目前跑车市场的规模。
2. 市场增长趋势。
3. 目前市场上的领导品牌。
4. 在未来10年中,将影响市场的人口变化趋势。
5. 其他你认为有关的因素。
6. 杰克的公司是否应当扩大在跑车市场上的份额?

参考答案

一、名词解释(略)

二、填空题

1. 二手资料
2. 问卷　标准化
3. 预调查
4. 居民入户调查　个别采访
5. 敏感性问题　特征比例
6. 调查组织者　客户(委托人)　主持人
7. 客观需要　调查者驾驭会议的能力
8. 无控制观察

9. 实验组　　对照组

10. 8—12

三、单项选择题

1. A　2. B　3. B　4. D　5. C　6. D　7. A　8. C　9. A　10. D

四、多项选择题

1. ABD　　2. BC　3. BCD　　4. ACD　　5. ABCD
6. ABCD　7. ABC　8. ABD　9. AD　　10. ABCD

五、简答题

1题答:(1)文案调查是收集已经加工过的文案,而不是原始资料的收集。(2)文案调查以收集文献信息为主。它具体表现为各种文献资料。文献性信息是指以文字、图象、符号、声频、视频等形式负载的各种信息,它与物质性消息、思维信息明显不同。(3)文案调查所收集的资料包括动态和静态两个方面,但以动态资料为主。

2题答:要收集文献,必先查找文献,查找文献必须按照图书情报的规律进行,才能事半功倍。查找文献的方法主要有:(1)参考文献查找法。也叫追溯查找法,即利用著作者本人在文章、专著的末尾所开列的参考文献目录,或者是文章、专著中所提到的文献名目,追踪查找有关文献资料的方法。(2)检索工具查找法。检索工具查找法是指利用已有的检索工具查找文献资料的方法,按检索工具的不同,检索工具有手工检索和计算机检索两种。

3题答:文案调查法的优点(1)文案调查费用低、效率高、是获取市场经济活动情报信息的捷径。(2)文案调查可以超越时空条件的限制,收集古今中外有关文献资料,了解到广泛的情报信息。(3)文案调查不受调查人员和被调查者主观因素的干扰。

文案调查法的局限性:(1)时效性差。文案调查所获取的主要是历史资料,过时资料比较多,经常出现落后于现实的情况。(2)资料缺乏具体性、生动性。(3)文案调查要求调查人员有较广泛的理论知识、较深的专业知识和技能。

4题答:具体来说,当调查的时效性要求不高,调查对象的通讯地址比较清楚,调查经费比较紧张,而调查内容又较多、且涉及敏感问题的情况下,可采用邮寄问卷调查。调查的内容可以是日常的消费、购物习惯、接触媒介习惯等企业关心的问题,也可以是有关对市场的看法、态度、满意度等市场调查问题。

5题答:(1)有较高的回答率。(2)数据比较准确。(3)可使用较复杂的问卷。(4)调查成本高、周期长。(5)某些特殊群体的访问成功率低。

6题答:标准式面访是指按照调查人员事先设计好的,有固定结构的标准化问卷或调查表,在面访中由调查人员按照问卷中的问题的顺序逐一提问,得到回答后将其填入问卷或调查表中的调查方式。标准式面访的最大好处在于,便于对调查结果进行统计和定量研究,便于对不同被访者的回答进行对比分析;同时,标准式面访能够对调查过程加以控制。但是,这种访问方式缺乏弹性,访问过程较为生硬,难以灵活反映复杂多变的市场现象,难以对经济与市场问题进行深入探讨。同时,不利于发挥调查员和被调查者的积极性、主动性。

非标准式面访是指事先不制作统一的问卷或调查表,也没有规定统一的面访程序,而是只给调查人员一个题目,由调查人员和受访者自由交谈,从而获取有关资料。这种访问一般只是按照一个粗线条的访问提纲进行,至于提问的方式、顺序、访谈时的外部环境等,都不做统一的规定和要求,而由调查者根据具体情况灵活处理。非标准式面访的优点在于,访问具有较大的弹性,有利于充分发挥访问者和被访问者的主动性、创造性,有利于调查原设计方案中没有考虑到的新情况、新问题,有利于加深对市场现象的研究。但是,这种访问方法对访问者的素质要求较高,对访问结果也难以进行定量分析和对比研究,获得资料更多地侧重于质的方面。

7题答:主要应该考虑以下三方面的因素:第一,要考虑问题本身的性质和特点。比较尖锐、复杂、敏感的问题,应以谨慎、迂回的方式提出。反之,则可大胆、正面提出。第二,考虑被访者的具体情况。对思想上有顾虑,性格内向或理解能力较差的被访者,应循循善诱,耐心开导。反之,则可单刀直入提出问题。第三,根据访问者与被访者的关系。双方互不熟悉,还没有建立信任关系的,应耐心、慎重的提出问题。反之,则直率、简洁地提出问题。

8题答:被调查者对调查的问题采取随机回答的方式,调查人员无法从被调查者的回答中得知对方是否具有某种特征,从而使被调查者减少顾虑,提供真实情况。在得到调查结果后,调查人员利用概率原理对总体进行推算,得到相应的估计值,从而达到调查的目的。

9题答:沃纳随机化回答模型的基本思想是:为了调查某个敏感问题。同时列出两个存在相关关系的问题制成卡片,被调查者随机抽取卡片进行回答,回答后,卡片不退还调查人员。因此,调查人员不知道被调查者在回答那一个问题,而达到对被调查者个人秘密进行保护的目的。沃纳模型在调查敏感性问题时,两种卡片上的问题是相互关联的,都具有敏感性。被调查者可能仍比较警惕,心存戒心,从而不予配合。而且,沃纳模型还有一个缺点,卡片A和卡片B的数量不能相等,否则,无法用公式推算。因此,在沃纳模型的基础上,提出了西蒙斯模型。在西蒙斯模型中,A、B两种问题只有A仍为敏感性问题,而B则是和A完全无关的非敏感性问题。这样,更能使被调查者清除顾虑,提高调查结果的真实性和准确性。

10题答:小组座谈法的优点:(1)资料收集快、效率高。(2)取得的资料较为广泛,深入。(3)将调查与讨论相结合、结构灵活。

小组座谈法的局限性:(1)对主持人的要求较高。既要熟练掌握访谈技巧,又要具有驾驭会议的能力。(2)容易形成"团体压力"进而形成判断错误。参加座谈会的某些权威人士的发言容易左右其他人员的发言。(3)有一些讨论涉及隐私,保密等敏感性问题,由于与会人员较多,不便深入讨论,影响调查结果的质量。

11题答:(1)小组座谈会前的准备工作包括:明确会议主题,设计调查提纲;确定会议规模和人员;选择会议的场所和时间。(2)座谈过程的指导和控制工作包括:打破短暂的沉默;把握会议的主题;做好与会者之间的协调工作;做好会议记录。(3)座谈会后的工作包括:及时整理会议记录,看记录是否完整、准确,调查的情况是否有明显的不真实、可靠的地方,有无遗漏和错误之处需要更正;回顾和研究会议的情况;进一步查证事实,并做必要的补充调查。

12题答:小组座谈法主要应用于定性调查研究,如情况交流介绍、问题研究分析、趋势把握讨论等,在市场调查中,可用于研究广告创意,获取消费者对产品的价格认同度,调查消费者对某类产品的认识、偏好及行为,了解消费者对产品的印象等。

13题答:电话调查中的样本选取,可以根据不同的情况和调查要求,用不同的方法:(1)利用抽样框抽选调查单位;(2)有意识地选择调查单位;(3)随机拔号。

14题答:观察法的优点:(1)直观、可靠。(2)简便、灵活。(3)适用性强。

观察法的局限性:(1)观察法一般只能反映客观事实的发生过程,而无法说明事件发生的原因和动机。(2)观察对象有局限性。(3)观察法调查时间较长,调查费用较高。

15题答:(1)将研究的问题转化成有关的变量。(2)选择实验对象。(3)确定实验方案。(4)控制实验环境。(5)收集实验数据。

六、案例分析题:

1题参考答案:

一、为什么要进行品牌形象研究?

营销时代的市场竞争越来越体现为品牌的竞争。消费者心目中的品牌形象塑造,正如联合利华前董事长 Michael Perry 所说,“如同鸟儿筑巢一样,用随手摘取的稻草杂物建造而成。”进行品牌形象研究,即是通过市场分析工具,在解析不同消费者的品牌印象的基础上,勾勒出某一品牌的特有气质,从而为品牌资产的管理者提供决策依据。

二、选择何种方法进行品牌形象研究?

是选择定性还是定量的研究方法,取决于调查的目的、时间与资金。在品牌形象研究方面,定性与定量的区别何在呢?

	定性研究	定量研究
目的	对于潜在的原因和动机得到一个定性的认识	把得到的信息定量化并从样本推知总体
样本	少量非代表性的个案	大量的代表性的个案
调查方法	小组座谈、深度访问	入户访问、街头定点访问
结果	产生一个初步的概念	得到一个可以指导行动的结论

三、如何进行品牌形象的定量研究?

品牌形象的定量研究除应遵循定量市场研究的基本程序(包括定义客户问题、研究设计、实地调查、数据分析、报告撰写、向客户陈述等),还应特别注意:

1. 预先的定性研究

在进行品牌形象的定量研究时,无论时间、预算的限制如何,都必须先进行一些定性研究,以使研究人员了解消费者用以描述该类商品及研究品牌的基本尺度。

2. 确定过滤条件

调查对象的过滤条件决定了研究结果的代表性。如对某微波炉的品牌形象研究中,如调查对象为全体市民,则调查结果代表现有和潜在消费者的意见;如调查对象为家中有微波炉的受访者,则调查结果代表现有消费者的意见;如调查对象为使用某品牌微波炉的受访者,则调查结果代表品牌使用者的意见。

在确定过滤条件时,还需要考虑依据该条件是否能够找到足够的受访者,通过何种数据采集方法才能有效找到该类受访者。

3. 选择合适的数据采集方法

采用随机抽样的入户访问结果具有推断调查对象总体的意义，所以大多数的品牌形象研究都以此为主要的数据采集方法。街头定点访问有利于找到满足某些过滤条件（如未来一年内准备购买彩色电视机）的受访者，一般要求在街头拦截访问，在找到合格的受访者后，邀请其到附近的一间工作室中，由访问员对其进行访问。

4. 使用指标体系设计问卷

研究经验显示，对于不同种类的产品应使用不同的指标体系来设计问卷，能够有效保证研究质量。

5. 通过模型进行分析

通过市场现状图、品牌定位图等研究模型，在大量的数据中找到最重要的研究结论，并使之一目了然。

四、如何进行品牌形象的定性研究？

在小组座谈中，使用一些研究技巧可以有效刺激受访者的想象力，从而获得更多有关品牌的信息：

1. 开放式讨论

(1) 对你来说，这个品牌有什么意义？

(2) 当初为什么选择这个品牌而不是其他品牌？它和别的品牌有什么不同？

(3) 如果你要向别人介绍这个品牌，你会怎么说？

(4) 你觉得这个品牌是什么样的人用的？

2. 拟人化

(1)如果这个品牌是一个人，它的性别、年龄为何？

(2)它所从事的职业是什么？它的衣着打扮是什么样子？

(3)它平常有哪些爱好？有什么样的休闲娱乐活动？

3. 词汇联想

(1)提到这个品牌，你最先想到的3个形容词是什么？

(2)为什么是这3个形容词？

4. 隐喻及类比

(1)如果这个品牌是动物，它会是那一种动物？

(2)如果这个品牌是人，它会是什么性别、年龄、职业？

5. 属性归类

本方法进行的方式是准备受测品牌及其竞争品牌，然后要求消费者以他们自己的分类标准来将这些品牌分组，此动作不断重复，直到消费者无法想出其他用来分组的“区隔元素”;接着由消费者解说其标准及呈现分类结果。

2题参考答案:

由于时间非常紧张,所以只能采用文案调查法,那么可以获取的二手资料很多,首先想到利用网络资源,查找有关跑车的相关信息,另外可以查阅一些专业的统计年鉴以及书籍,了解这个市场的发展状况,最后把这些信息汇总整理为对我们有用的二手资料。

调查报告(略)。

案例精粹

案例1

某公司为了解消费者对该公司某产品的满意度情况,进行了一次市场调查。具体目标是了解该地区消费者的要求和期望,进一步改善产品。

某市场调查公司人员替该公司设计了一个小组座谈方案,做了如下安排。

1. 分成4个组,每组20个人,受访者招募办法是:先在街头随机拦访,如果其愿意接受访问,再另付其一定的报酬,让其再找5个人,直至构成一组。

2. 公司恰好有一个闲置的有单面镜和摄像系统的会议室,这个会议室空调坏了。决定安排这些人8月7日在此会议室进行访谈。访谈期间不需要设立主持人约束会场,各组成员只需要根据访谈提纲的内容自由讨论。计划时间是每组1个小时左右,一个下午访谈会举行完毕。

要求:指出上述安排中的不当之处,并提出改进措施。

案例1参考解答

此小组座谈调查方案存在的不当之处及相应改进措施:

一、每组安排20个人不合适。按照小组座谈法的经验,一组包含8~12人是最佳安排,效果最好。经历性小组座谈所需的受访者人数可在此范围内适当多些。

二、一组人最好不要是熟人。一般要遵循“陌生人”原则,熟人可能不能就某个问题畅所欲言。因此,所有受访者都应采取街头随机拦访的方式选择。

三、召开小组座谈法的环境不好。会议室没有空调,夏天燥热,影响受访者的情绪,不利于访谈。因此,应改善会议室环境或更换会议室,保证访谈环境的适宜。

四、每组访问时间只有1个小时,时间不够,不能充分搜集信息。一般情况下,1.5~3小时最为理想,既能充分搜集信息,又不会让受访者觉得时间长到难以忍受。

五、应该选择主持人。小组座谈法的关键环节就是选择主持人,这样可以调动参加者的积极性，控制大局，把握座谈会的方向和进程等。

案例 2

昌福家庭用品公司是一个大型的自选式家居用品商场。他大批量地购买产品并存于仓库中。每逢节假日，成百上千的顾客穿梭于仓库之中，他们拖着各种各样的货品，包括家居绿色植物，PVC 水道管、夹板、涂料、厨房洗涤槽、割草机等各种各样的家居用品。

为了更好地了解该商场的顾客，了解该商场产品陈列等问题，家庭用品公司委托调查公司进行调查。如果你是项目负责人，首先可以考虑选择哪种调查方法？

案例 2 参考解答

可以首先考虑观察法。观察法是指观察者根据特定的研究目的，利用感觉器官和其他科学手段，有组织、有计划地对研究对象进行考察，以取得研究所需资料的方法。用来调查顾客在选购商品时的偏好、规律、习惯等，为企业营销服务。这种方法直观、可靠、简便、灵活、适用性强。对于此问题可以直接派人跟踪观察顾客，这些观察者假扮为该家庭用品商场的雇员检查货品，实际上他们是在跟踪被观察的每个顾客，并在已设计好的表格上作符号。基本内容如下表：

表 1　家庭用品商场的观察调查表格

观测项目	发现
顾客行为	
顾客在商场内的时间	分钟
顾客组合人数	人
花费	元
付款方式	以现金付款%
所经过的区域	个
是否要求帮助	是/否
停下看货品数/在哪些位置	件
停下触摸货品数/在哪些位置	件
购买数/在哪些位置	件
顾客购买商品种类分配如下：	
家庭用具	件
手工用具	件
电器	件
水管装置	件
屋顶材料	件
其他	件

根据此项调查可以了解该商场的通道设计是否合理，产品陈列是否恰当，产品种类组合是否合适，以及顾客购物的基本特征等。

第六章

现代市场调查法

指点迷津

一、学习目的与要求

通过本章学习，掌握计算机辅助电话调查的涵义、CATI3.0系统的流程与操作、网络调查的涵义、特点、各种网络调查的涵义特点以及优势与局限性；理解网络调查方案设计、网络调查问卷设计与传统调查的区别；会根据简单的问卷项目进行实践操作并分析处理调查数据，初步具有对调查项目利用网络调查来实现的能力。

二、本章重点

1. 计算机辅助电话调查 CATI3.0 的操作流程
2. 计算机辅助电话调查中的问卷设计以及访员和访员组管理的设计与实践操作
3. 利用计算机进行问卷管理
4. 网络调查的涵义与特点
5. 各种网络调查的涵义与特点
6. 各种网络调查的优势与局限性

三、本章难点

1. 利用调查项目用计算机辅助电话调查 CATI3.0 的实践操作
2. 对调查取得的数据的导出处理以及分析

3. 网络调查方案设计技术以及与传统调查的不同
4. 网络调查问卷设计
5. 调查项目利用网络调查的实现技术

脉络框架

- 现代市场调查法
  - 计算机辅助电话调查
    - 计算机辅助电话调查简介
    - CATI3.0 系统的操作手册
      - 立项
      - 员工组与员工管理
      - 项目权限
      - 系统权限
      - 样本设置
      - 执行策略
      - 样本抽取
      - 问卷管理
      - 访员组与访员管理
      - 项目执行
  - 网络调查
    - 涵义与特点
    - 网络调查方案设计
    - 网络调查问卷设计与实现技术
    - 常用的网络调查方法
      - 电子邮件调查
      - 网页调查
      - 视讯会议法
      - 公告牌(BBS)调查
      - 网上实验观察法

习题练兵

一、名词解释

1. 计算机辅助电话调查　2. 立项　3. 权限
4. 问卷管理　5. 网络调查　6. 主动调查法
7. 被动调查法　8. 原始资料网上搜集法　9. 二手资料网上搜集法
10. 网上问卷调查法　11. 网上座谈法　12. 网上观察法
13. 电子邮件法　14. Web 站点问卷调查法　15. 网络实时交谈法

16. 网上视讯会议法　17. 网上实验观察法　18. 服务器日志统计法
19. 网络搜索法　20. 局域网市场调查　21. 广域网市场调查
22. 公告牌(BBS)调查

二、填空题

1. 网络调查是一种新兴的市场调查方法,是__________、网络通讯技术发展的结果,是随着网络技术(主要是互联网技术)的发展逐渐兴起的。

2. 网上观察法是指对__________的访问情况和__________的网上行为进行观察和监测的调查原始资料的方法。

3. 调查实施的技术分为电子邮件法、Web站点问卷调查法、__________、网上视讯会议法、网上实验观察法、服务器日志统计法、__________。

4. 网络调查的抽样方法一般是__________中的__________。

5. 网络调查的对象仅限于__________。

6. 网络调查不需要另外的__________环节,减少了人工数据录入过程中的__________。

7. 在网上进行观察,研究者探讨的__________和__________情况下的语言分析和谈话分析。

8. 在进行计算机辅助电话调查CATI3.0操作时候,__________流程是最先需要完成的。

9. 在员工组与员工管理的操作时的多数界面与__________流程是类似。

10. 通常调查数据导出采用__________和__________两种方式进行导出。

三、单项选择题

1. 按调查者组织调查样本的行为分为(　)。
   A. 主动调查法和被动调查法
   B. 原始资料网上搜集法和二手资料网上搜集法
   C. 局域网市场调查和广域网市场调查
   D. 网上问卷调查法与网上座谈法

2. 按搜集资料的性质分为(　)。
   A. 主动调查法和被动调查法
   B. 原始资料网上搜集法和二手资料网上搜集法
   C. 局域网市场调查和广域网市场调查
   D. 网上问卷调查法与网上座谈法

3. 按网络的开放程度和覆盖范围分为(　)。

A. 主动调查法和被动调查法

B. 原始资料网上搜集法和二手资料网上搜集法

C. 局域网市场调查和广域网市场调查

D. 网上问卷调查法与网上座谈法

4. 电子邮件调查是下列哪种传统调查方法的改进(　)。

A. 小组座谈法　　B. 面访调查

C. 电话调查　　D. 邮寄问卷调查

5. 视讯会议法是下列哪种传统调查方法的改进(　)。

A. 小组座谈法　　B. 面访调查

C. 电话调查　　D. 邮寄问卷调查

6. 计算机辅助电话电话系统的英文缩写是(　)。

A. CAI　　B. CATI

C. CAPI　　D. CASI

7. 在进行项目设置的时候,系统权限必须分配给如下的(　)。

A. 员工组　　B. 访员组

C. 管理员　　D. 访员

8. 在进行样本设置的时候代码需要大于多少才能进行操作(　)。

A. 20　　B. 30

C. 40　　D. 50

9. 在进行CATI3.0的实践操作的时候,最后做的流程是(　)。

A. 执行策略　　B. 样本维护

C. 项目执行　　D. 数据分析

10. 权限管理包括(　)。

A. 系统权限和项目权限　　B. 系统权限

C. 项目权限　　D. 员工权限

四、多项选择题

1. 按调查方法的不同分为(　　)。

A. 网上问卷调查法　　B. 网上座谈法

C. 电子邮件法　　D. 网上观察法

2. 按性质可将公告牌调查分为(　　)。

A. 商业BBS站　　B. 网上观察

C. 网上实验　　D. 业余 BBS 站

3. 样本抽取在 CATI3.0 中有哪几种方式（　　）。

A. 随机抽取　　B. 局号抽取

C. 空号抽取　　D. 全部选择

4. 电访调查中常见的导出数据方式有（　　）。

A. EXCEL　　B. SPSS

C. WORD　　D. TEXT

5. 在进行访问前，需要在管理平台中把项目状态改为（　　）。

A. 准备　　B. 试访

C. 执行　　D. 暂停

五、简述题

1. 简述网络调查的特点。
2. 抽样方法获取的样本主要表现为哪三种形式？
3. 简述网络关联抽样法。
4. 简述网络问卷的优势。
5. 简述电子邮件调查的优势与局限性。
6. 简述网页调查的优势与局限。
7. 简述视讯会议法的优势与局限。
8. 简述 CATI3.0 系统包括的十个流程。
9. 简述在 CATI3.0 中设计问卷的问卷层属性中常规包括的项目。
10. 简述项目执行的先决条件。

参考答案

一、名词解释（略）

二、填空题

1. 现代计算机技术
2. 网站　　网民
3. 网络实时交谈法　　网络搜索法
4. 非概率抽样　　志愿者抽样

5. 网民

6. 编码录入　　遗漏和偏误

7. 实验设置　　自然设置

8. 立项

9. 访员组与访员管理

10. EXCEL 和 SPSS

三、单项选择题

1. A　2. B　3. C　4. D　5. A　6. B　7. A　8. D　9. D　10. A

四、多项选择题

1. ABD　2. AD　3. ABC　4. AB　5. BC

五、简述题

1 题答：客观且保密性；简单而高效性；调查范围的广泛性；传递速度的快速性；多媒体问卷的先进性；调查费用的低廉性；调查结果的可靠性高。

2 题答：抽样方法获取的样本主要表现为三种形式，即：(1)随机样本。按照统计学随机抽样原则进行组织。例如可以利用 INTERNET 的便利，事先搜集大量的电子邮件地址，然后随机加以选择。这种做法费用虽低但抽样代表性无法得到保证。(2)过滤性样本。只要愿意，任何人都可以回复网上的问卷，可能出现对某份问卷反复填写的重复现象。调查人员应当首先明确定义好所期望的样本特征，然后利用筛选问卷来限制不符合要求的样本，同时，过滤出符合要求的样本。(3)选择性样本。不同的统计调查项目，通常会根据不同的问题和调查目标对样本提出不同的要求。在具备样本库的前提下，可从中选择满足抽样要求的样本。

3 题答：是利用总体单位间存在的关联关系抽取样本的方法，也即抽取的样本是建立在一定的关联规则的基础上，样本由最初抽取的单位以及与每个单位相关联的其他目标单位构成。

4 题答：一是通过将多媒体技术与问卷设计结合起来，可以在问卷中加入图片、声音、视频、动画等，一方面可以使调查内容更加广泛，另一方面使问卷界面更加友好，从而吸引更多网员参与调查。二是通过将计算机程序技术与问卷设计结合起来，可实现交互式问卷设计。例如，可以根据被调查者前面回答问卷的情况或已有的问卷统计分析结果动态调整后续问卷的调查内容；自动辨别被调查者问卷的输入错误等。三是可利用计算机了解更多关于问卷的额外辅助信息。如：用户回答某一问题的时间、回答某一问题的修改次数等，从而实现智能化问卷技术。

5 题答：优势：(1)更快获取数据；(2)让客户加强对项目的监控；(3)节省费用；(4)方便接触以传统方式难以接触的人群。

局限性：(1)被访者局限在拥有电子邮箱的人群；(2)问卷一般不宜太长；(3)不适合需要被访者实际触摸、尝试产品的项目。如口味测试研究；(4)问卷样本可能不具代表性；(5)无法控制受访者的重复回答；(6)回收率低。

6 题答：网页调查成本低，只要将调查问卷发布到网上，后续的接收表单和数据统计等工作都可以由程序完成，不需要太多人力物力；调查者可以通过选择不同的网站和频道，针对自己的调查目标展开调查，降低了盲目性；网络连通全国直至全世界，反馈的地域局限性相对较低；网民的反应方式直接，反应周期短、实时性强；网页调查可以统计点击率，如果作为整体广告策划的先行兵，可以作为广告方案或文案是否能引起大众兴趣的一个参考。网页调查由于受到网页界面的限制，不太适合影响因素较多、较为复杂的课题。

7 题答：视讯会议法无时空限制，大大节约了成本。网络环境为开好小组座谈会，使参加者能积极地、容易地参与所关心话题的讨论，提供了方法改进的广阔机会。视讯会议法参加者的数目几乎是不需要限制的，讨论话题的选择范围可以是很宽的。视讯会议法还给客户提供了影响座谈会的可能性。但网络环境中，研究者要得到有关参加者的详细背景资料有一定难度，或者要得到有关参加者的真实背景资料有一定难度。

8 题答：CATI3.0 该操作流程的十个子项目，根据上机的实践项目把该流程具体分为立项、员工组与员工管理、项目权限、系统权限、样本设置、执行策略、样本抽取、问卷管理、访员组与访员管理、项目执行十个业务流程。

9 题答：问卷层属性中的常规包括：

创建人：问卷的创建人员。

创建日期：问卷的创建时间。

修改人：对问卷的最近一次修改的人员。

修改日期：对问卷的最近一次修改的时间。

文件路径：问卷所存放的绝对物理路径，随保存后的问卷代号的改变而发生变化。

问卷名称：用户自定义的问卷名称。

问卷代号：用户自定义的问卷代号。

10题答：项目能够正常执行的先决条件有如下：作为电话调查的WEB服务器(应用服务器)启动；CTI服务器启动；消息服务启动；“样本池”程序启动；本机局域网连接正常；有经过专业培训过的访员；项目状态处于试访/执行状态；问卷在调试时一切正常；执行策略、样本设置正常；样本数量充足；分配访员权限。

案例精粹

案例1：计算机辅助电话调查案例题

假设某调查咨询公司进行一项顾客满意度调查，调查项目——成都居民对当地大型商场的满意度调查。给定条件有：

1. 调查项目是：商场满意度调查。
2. 调查的管理人员2名。
3. 访问人员15名。
4. 选择时间是***到***期间通过呼叫中心拨打手机样本，共计1000份。
5. 问卷采用“问卷设计器”进行设计。

试结合教材进行实践操作，完成整个电访调查，并进行数据的导出和分析。

案例2：网络调查案例题

请亲自参与以下提供的三个网上在线调查项目案例，试比较各调查项目在问卷设计上的差异，在网上实现上的差异，哪个调查项目更适合采用网上调查？对各调查项目提出改进意见，并关注最终的调查结果及其调查报告。

项目一：《搜索引擎关键词广告应用状况在线调查》调查问卷节选

非常感谢您关注并参与新竞争力网络营销管理顾问关于“搜索引擎关键词广告应用状况在线调查”！本项调查的目的在于了解国内企业/网站利用关键词广告推广的现状，如哪些搜索引擎用户采用比例最高、关键词推广的总体效果，以及影响关键词广告推广应用的因素等。新竞争力将根据有关调查结果进行统计分析，并将免费发布研究结论，供更多企业/网站在制定搜索引擎关键词广告时参考。

为了尽量提高调查结果的可信度，新竞争力对“搜索引擎关键词广告投放”的说明如下：

本调查所定义的关键词广告投放包括你本人直接向搜索引擎投放关键词广告(例如注册了google关键词广告账户后自行投放广告)，也包括你本人参与的通过代理商所进行的关键词广告投放，如果本人并未直接参与关键词广告投放，至少应该对这个过程和结果比较了解。

另外，提醒参与调查的朋友，请留下您的联系方式，新竞争力将从参与者中抽出部分获奖者，奖品包括新竞争力网络营销专家最新出版的网络营销著作（如即将出版的网站推广方法、搜索引擎营销、网络营销案例等）、收费网络营销研究报告，并有机会获得新竞争力的邀请，免费参加不定期举办的网络营销茶座、酒会等。

1. 你否投放过中文搜索引擎关键词广告（只选 1 项）

○是 ○否

2. 如果投放过中文搜索引擎关键词广告，在哪些搜索引擎投放？（请选 1 至 8 项）

□ google □ 百度
□ 中国搜索 □ 雅虎中国（一搜）
□ 新浪搜索 □ 搜狐搜索（搜狗）
□ 网易搜索 □ 其他搜索引擎

3. 如果投放过中文搜索引擎关键词广告，对推广效果总体满意度（只选 1 项）

○ 5（非常满意） ○ 4（比较满意）
○ 3（基本满意） ○ 2（一般）
○ 1（不满意）

4. 你认为影响关键词广告效果的因素有哪些（请选 1 至 11 项）

□ 关键词组合选择是否能覆盖用户检索所采用的主要词汇
□ 关键词广告标题设计是否有吸引力
□ 关键词广告文字描述的设计是否有吸引力
□ 关键词广告显示的排名位置
□ 关键词广告展示数量
□ 搜索引擎平台的用户特征
□ 搜索引擎平台的访问量
□ 搜索引擎是否提供关键词管理工具
□ 选择搜索引擎广告平台比较盲目
□ 网站建设本身的专业水平
□ 其他因素

5. 你认为目前关键词广告投放中的主要问题是什么？（请选 1 至 9 项）

□ 关键词广告投放流程操作复杂
□ 缺乏对搜索引擎的评价指标，因而选择搜索引擎比较盲目

☐ 难以选择最符合用户检索行为的关键词

☐ 重要关键词的价格太高

☐ 关键词广告总体费用过高

☐ 同类关键词广告信息太多

☐ 对推广效果难以评估

☐ 无效点击率过高(包括恶意点击和非潜在用户的无意点击)

☐ 其他问题

6. 如果尚未采用过关键词广告,那么是否会在一年内考虑采用?(只选1项)

○ 会　　○ 不会

○ 不一定

7. 你认为目前没有采用关键词广告推广的主要因素有哪些(请选1至10项)

☐ 网络营销预算限制

☐ 关键词广告总体费用太高

☐ 不知道如何选择合适的搜索引擎

☐ 关键词广告投放操作比较复杂

☐ 不知道如何选择合理的关键词

☐ 期望的关键词每次点击价格太高

☐ 担心自己的广告被恶意点击

☐ 对关键词广告效果没有信心

☐ 暂时不需要这种推广方式

☐ 其他原因

8. 如果计划采用过关键词广告,会选择哪些搜索引擎?(请选1至9项)

☐ google　　☐ 百度

☐ 中国搜索　　☐ 雅虎中国(一搜)

☐ 新浪搜索　　☐ 搜狐搜索(搜狗)

☐ 网易搜索　　☐ 暂时不好确定

☐ 其他搜索引擎

请填写您的个人信息(说明:仅用于联系和获奖通知,没有其他任何商业目的)

您的姓名(笔名) ☐

Email 地址 ☐

所在地区 ☐

其他联系方式 [ ]

提 交

(摘自:http://www.jingzhengli.cn/diaocha/Vote.Asp? id=20051105220447)

项目二:2005年网络问卷调查表

亲爱的用户们:

为了更好的推广 Moxa 的嵌入式产品,为广大客户提供更完善的产品和服务,我们将进行为期一个月的网络调查。耽误您几分钟时间,请填写下列问卷调查表,最早填写问卷的 30 位客户将会获得 Moxa 的精美礼物一份(获奖名单会在 12 月 9 日公布于 Moxa 网站)。

感谢您的大力支持。

贵公司所处的行业是(可复选)

○ 电力　　○ ATM

○ 工业自动化　　○ 交通

○ 电信　　○ 其他 [ ]

贵公司的性质是

○ 系统集成商　　○ 最终用户

○ 代理商　　○ 设备制造厂商

○ 其他

关于嵌入式产品

您是否使用过 Moxa 的产品?

○ 是　　○ 否

○ 型号 [ ]

Moxa 产品所应用的系统中是否使用 PC 或工控机?

○ 是　　○ 否 厂商 [ ]

该系统中是否有界面显示功能?

○ 是　　○ 否

贵公司所使用的编程语言为?(可复选)

○ C 语言　　○ C++

○ VC　　○ Java

贵公司编程所基于的操作平台为？(可复选)

○ Windows ○ Linux

后续服务(可复选)

○ 登门拜访 ○ 邮寄资料

○ 电话拜访 ○ 报价

客户资料

姓名 [ ] 职务 [ ]

公司 [ ]

地址 [ ]

电话 [ ] 传真 [ ]

E-mail [ ] 邮编 [ ]

[提交] [清除]

(摘自：http://www.moxa.com.cn/news_events/ECCallout.htm)

项目三：《焦作市旅游调查问卷》节选

您好！我们是河南理工大学的学生，此问卷将作为数据用于焦作市旅游市场的学术研究，希望您能够提供宝贵的资料，在此代表我们全体人员对您的合作和支持表示感谢！

*1. 您的性别：

○ □男 ○ □女

*2. 您的年龄：

○ □18岁以下 ○ □19－24岁

○ □25－35岁 ○ □36－50岁

○ □51－65岁 ○ □66岁及以上

3. 您的学历：

○ 初中及以下 ○ 高中及中专

○ 本科及大专 ○ 研究生

*4. 您的职业：

○ 政府工作人员 ○ 专业技术人员

○ 职员 ○ 技工/工人

○ 商贸人员

*5. 您月收入的大致情况：

○ 1000 元以下　　○ 1001－2500 元

○ 2501－4000 元　　○ 4000 元以上

*6. 您的出游结伴方式：

○ 一个人　　○ 朋友

○ 家人亲戚　　○ 旅行团

*7. 如选择随团，请回答以下问题：(1)对焦作市旅行社服务质量的满意程度：

○ 非常满意　　○ 比较满意

○ 可以接受　　○ 难以接受

*8. (2)如不满意，主要是在哪些方面：

□ 导游服务　　□ 住宿

□ 餐饮　　□ 行程安排

□ 旅行社配套设施不完善　　□ 其他

谢谢您的合作！

(摘自：http://www.wenjuantong.com/wenjuantongzaixianfuwu.htm)

案例精粹参考答案

案例 1　参考答案：

根据案例题要求，学生在掌握问卷调查的情况下，根据整个调查项目的 10 个流程完成该项调查，其主要操作如下(有些操作环节省略)。

1. 首先项目管理人员 2 名根据系统管理员所给的账号和密码和咨询公司的名称进入 CATI3.0 系统，在界面填写相关信息。在管理主界面上在“新建项目”下的“标准项目”菜单，并在项目信息主界面上填写相关信息。

2. 在员工组管理和员工管理中把 2 名项目管理人员设定为该项目的员工成员，并建成员工组(普通组或者权限组)，其中在编辑员工组和员工的时候必须给员工组和员工一定的系统和项目权限。

3. 在样本设置中在样本设置界面填写状态代码、状态名称、显示模式、设定属性、关联的设置，只有通过设置，项目的操作才能进行。

4. 在执行策略的操作时候，在项目执行策略设置模块中可以对项目执行中的运行时间、配额等进行设置。其中包括：运行时间设置、样本配额设置、样本电话次序、拨号策略设置、录音放音设置，其中运行时间设置里根据案例题的要求进行设置，其中拨号顺序可以根据自己的要求进行。

5. 样本抽取中由于是调查当地商场的满意度，所有采取局号抽取的原则进行，抽取的样本数为1000份，如果在项目执行过程中，无效问卷调查过多，这是要多抽取样本数进行调查，达到有效问卷数的范围，有利于调查的准确性。

6. 在问卷管理中，结合教材所介绍问卷设计要求，根据该案例是调查商场的满意度调查来进行问卷设计，问卷设计可以在“问卷设计器”里进行，然后倒入系统里进行操作。

7. 在访员组管理和访员管理中把15名访问人员设定为该项目的访员成员，并建成访员组（呼出组），其中在编辑访员组和访员的时候必须给访员组和访员一定的系统和项目权限。

8. 项目执行的时候，首先检查硬件设备的情况，然后检查样本及问卷情况，最后执行项目，在项目执行的时候，访员必须如实在计算机上记录下被调查者的调查记录。在项目完成后，项目分析人员导出调查数据进行分析。

在整个操作的过程中，需要结合教材第六章第一节介绍CATI3.0的操作手册进行，这里不再赘述操作的计算机图形界面。

案例2　参考答案：（略）。

第七章

市场调查数据的处理与分析技术

指点迷津

一、学习目的与要求

通过本章的学习，要求学生能掌握数据处理和数据分析的概念，理解二者的重要意义，掌握各种数据处理技术，包括数据的审核、编码、录入、分组、插补、显示等处理技术，能够将纸张式问卷的数据转化为 SPSS 数据并进行数据处理，熟悉各种常用的市场调查数据分析方法，对经过处理的数据进行数据分析。

二、本章重点

本章的重点主要在于数据的各种处理技术和分析技术及其 SPSS 的实现。

三、本章难点

本章的难点主要在于对各种处理技术和分析技术的理解认识，重在掌握各种技术的实质和适用条件。

四、几点说明

本章的编写特色在于内容的实用性，主要结合近期的研究案例进行了 SPSS 的实际操作，而对于实质的数据分析部分将在教材的其他章节中有所反映。

脉络框架

- 数据处理与数据分析
  - 涵义
  - 意义
  - 技术
- 数据处理技术
  - 数据的审核
  - 数据的编码
  - 数据的录入
  - 数据的插补
  - 数据的分组
  - 数据的显示
- 数据分析技术
  - 描述分析
    - 频数分析
    - 描述分析
    - 交叉分析
  - 相关分析
  - 多元统计分析
    - 类与判别分析
    - 因子与主成分分析

习题练兵

一、名词解释

1. 数据处理　2. 数据的审核　3. 数据的编码　4. 数据的录入
5. 数据的插补　6. 数据的分组　7. 统计表　8. 二维列联表
9. 卡方检验　10. 分布审核

二、单项选择题

1. 统计调查的继续和统计分析的前提是(　)。

A. 数据处理　　B. 统计分析
C. 撰写报告　　D. 统计设计

2. 应用各种检查规则来辨别缺失、无效或不一致等造成数据存在的潜在错误,这种活动称作(　)。

A. 数据录入　　B. 数据审核

C. 数据编码　　D. 创建数据库

3. 把问卷上填写的文字信息转换为数字代码，以便进行处理和制表，这种工作称作（ ）。

A. 数据录入　　B. 数据审核

C. 数据编码　　D. 数据插补

4. 将问卷上的回答通过打字输入计算机，转化成可机读的形式，这种工作称作（ ）。

A. 数据录入　　B. 自动审核

C. 预先编码　　D. 数据插补

5. 离群值的检测可以看作数据审核的一种类型，它属于（ ）。

A. 准确性审核　　B. 一致性审核

C. 分布审核　　D. 完整性审核

6. 一般来说，变量数据中组距与组数的关系为（ ）。

A. 反比关系　　B. 正比关系

C. 等差关系　　D. 无关系

7. 预先编码不适用于（ ）。

A. 二项选择问题　　B. 排序问题

C. 开放式问题　　D. 等级评定问题

8. 如果在问卷中的问句采用的是填空式提问，如“请问您的年龄为______岁。”则此问题的变量类型应该定义为（ ）。

A. 字符型　　B. 数值型

C. 日期型　　D. 美元型

9. 卡方检验一般用于检验变量间的（ ）。

A. 相关关系　　B. 回归关系

C. 因果关系　　D. 函数关系

10. 因子分析的基本思想是从（ ）角度出发。

A. 解释变量间相关关系的角度　　B. 解释变量方差的角度

C. 解释变量间回归关系的角度　　D. 解释变量函数关系的角度

三、多项选择题

1. 数据处理阶段的工作包括（ ）。

A. 数据审核　　B. 数据寻踪

C. 数据编码　　D. 数据录入

E. 数据插补

2. 准确性审核中，常用的检查方法包括(　　)。

A. 逻辑检查　　B. 计算检查

C. 时间检查　　D. 调查检查

E. 平衡检查

3. 度量集中趋势的指标有(　　)。

A. 平均数　　B. 标准差

C. 中位数　　D. 四分位差

E. 众数

4. 一般聚类分析的方法根据研究对象的不同，可以分为(　　)。

A. 两步聚类　　B. 对变量进行聚类的 R 型聚类

C. 快速聚类　　D. 对样本进行聚类的 Q 型聚类

E. 分层聚类

5. 如果在相关分析中，两个变量的相关系数为－0.9，说明两个变量(　　)。

A. 高度相关　　B. 负相关

C. 正相关　　D. 低度相关

E. 不相关

四、简答题

1. 简述数据处理的意义。
2. 简述数据审核的内容及方法。
3. 为什么要对统计资料进行分组？
4. 数据的分组原则是什么？
5. 数据的分组方法有哪些？
6. 统计表从形式上和内容上包括哪几部分？
7. 简述数据插补的方法有哪些。
8. 简述如何进行频数分析。
9. 简述如何进行交叉分析。
10. 简述如何进行相关分析。
11. 简述如何进行快速聚类分析。

五、分析题

下面截取“公众统计素养调查问卷”中的第四和第五部分问句，就这些问句进行一个编码,写出编码对照表。

第四部分 请问您对统计教育的了解程度

4.1 请问您对我国的统计教育体系的了解程度

1. 非常熟悉 2. 基本了解 3. 听说过,但不了解 4. 没有听说过

4.2 请问您认为我国的统计教育重心应放在什么地方,就下面几种方式进行排序,最重要为1,其次为2,再次为3

( )普通高等教育

( )义务教育(中小学)教育

( )继续教育

第五部分 请问您对下面统计方法的了解程度

序号	统计方法	非常熟悉	基本了解	听说过,但不了解	没有听说过
1	搜集数据的方法	1	2	3	4
2	整理数据的方法	1	2	3	4
3	分析数据的方法	1	2	3	4

参考答案

一、名词解释(略)

二、单项选择题

1—5:A、B、C、A、C 6—10:A、C、B、A、A

三、多项选择题

1. ACDE 2. AB 3. ACE 4. BD 5. AB

四、简答题

1题答:数据处理的意义包括:

第一,数据处理是对调查资料的全面检查,是查缺补漏、去假存真和去粗取精的过程,可以保证数据的一致性、客观性和有效性。

第二，数据处理是进行数据分析研究的基础。

第三，数据处理有利于保证数据的质量，提高数据的长期保存价值。

2题答：数据审核的内容及方法包括：

准确性审核是关键，也称有效性审核，主要检查数据是否真实可靠，是否存在差错。检查的方法有逻辑检查和计算检查。

完整性审核是检查应该调查的调查单位是否遗漏、所有的调查项目有无缺失等。例如，在有跳问的问卷中，某问句不该跳问但却跳问了，就会缺失调查项目信息，造成数据的不完整。

一致性审核就是基于不同问句间的结构关系、逻辑关系和合法性来进行的，要检查调查的各种数据之间，是否连贯、是否一致、是否对立，是否有明显的差异。

分布审核主要是在数据分析阶段运用，通过数据的分布，来辨识是否有超出正常范围的离群值。

3题答：数据的分组在统计研究中具有非常重要的作用。首先，数据的分组可以使零散的数据系统化和有条理化；其次，数据的分组可以从数量上揭示总体内部的结构状况，反映各部分与整体的关系以及各部分之间存在的差别和相互联系，从而帮助人们认识掌握事物的特征和本质；最后，通过不同的数据的分组，还可以分析不同现象间的依存关系。总之，通过数据的分组对数据进行处理后，更有利于进行各种统计分析。

4题答：数据的分组要遵循以下三个原则。第一，组别要互斥。互斥就是在特定的分组标志下，总体中的任何一个单位只能归属于某一组，而不能同时或可能归属于几个组。第二，组别要完备，或者更形象地说是要穷尽。穷尽就是要保证分组使总体中的每一个单位都应有组可归，或者说各分组的空间足以容纳总体所有的单位。第三，组别要反映事物本质。分组必须保证使组间单位的差异很大，组内单位的差异很小。

5题答：数据的分组方法包括：

根据标志的不同分类，分组标志可选择品质标志和数量标志，故可得到按品质标志分组和数量标志分组的汇总数据。

品质标志分组是指按照反映事物属性的标志分组。例如，按性别、按职业等分组都属于品质分组。按品质标志来分组比较容易划分，有多少个标志表现就划分为多少组。

数量标志分组是指按照某一数量标志，将总体单位划分为若干组。例如，收入、年龄、企业规模等。按数量标志进行分组应注意：不要遗漏任何原始资料所提供的数据；组限和组距尽可能取整数，不要取小数；各组的组距尽可能相等，即尽可能多用等距式分组，少用异距式分组；问卷中回答项目本身就已经分类的，分组就可按其分类进行排列；对某一具体数字，而非区间范围的，应设计出分组，使其在分组的间隔中；使用的组距要使最常出现的答案在中间。

根据分组标志的多少分为简单分组和复合分组。简单分组指只按照一个分组标志进行的分组，我们常见的频数分析就属于利用简单分组资料进行的。复合分组指按照两个或两个以上的分组标志，对总体进行重叠分组，常见的就是两因素或三因素的列联表分析。

6 题答：从表式上看，统计表是由纵横交叉的线条组成的一种表格，表格包括总标题、横行标题、纵栏标题和指标数值四个部分。总标题是统计表的名称，它扼要地说明表的基本内容，并指明时间和范围。它置于统计表格的正上方。横行标题是横行的名称，一般放在表格的左方；纵栏标题是纵行的名称，一般放在表格的上方。横行标题和纵行标题共同说明填入表格中的统计数字所指的内容。指标数值是列在横行和纵栏的交叉处，即表格中的数字就是指标数值，用来说明总体及其组成部分的数量特征，它是填写在统计表格的核心部分。

从内容上来看，统计表是由主词栏和宾词栏两个部分组成。主词栏是统计表所要说明的总体及其组成部分，一般都列在表的左半部分；宾词栏是统计表用来说明总体数量特征的各个统计指标及其数值，一般都列在统计表的右半部分。

此外，统计表还有补充资料、注解、资料来源、填表单位、填表人等附加内容。

7 题答：简述数据插补的方法包括：

(1)推理替代法。指一般通过推理判断确定缺失或不一致数据的方法。

(2)中性值替代法。一般采用反映变量集中趋势的指标替代，就是对缺失或不一致数据用该变量的中性值来代替的方法，一般中性值包括均值、中位数、众数几种。

(3)估计值替代法

相近样本值替代。即寻找与该样本单位相近的样本，利用它的取值替代缺失数据。

均值加随机项替代。利用中性值，然后再通过残差的分布获得随机项的估计。

预测值替代。利用相关变量建立回归模型，然后从回归模型中得到预测值来替代缺失数据。

预测值加随机项替代。从回归模型中得到预测值加上随机项来替代缺省数据。

8 题答:频数分析,指通过对频数分布(次数分布)的分析,了解变量的取值情况,以及其分布特征。

一般通过主菜单 Analyze ,下拉菜单 Descriptive Statistics ,然后选择 Frequencies ,选择具体的选项后得出分析结果。

9 题答:交叉分析指通过编制交叉列表,同时将两个或两个以上有联系的变量及其变量值交叉排列在一张统计表中,认识多变量的联合分布情况及变量之间相互影响关系的一种统计分析方法。

选择主菜 Analyze ,下拉菜单 Descriptive Statistics ,然后选择 Crosstabs 选择变量及选项,得到交叉分析的结果。

10 题答:相关分析指从数量方面来研究两种或两种以上变量之间非严格的不确定的依存关系,相关分析主要适用于研究两个数值型变量相关性的分析,一般是选择主菜 Analyze 下拉菜单 Correlate ,然后选择 Bivariate ,选择要进行相关分析的变量及选项实现的。

11 题答:快速聚类 K－means Cluster,又称逐步聚类,是非系统聚类中最常用的 K－均值聚类,只能适用于对样本进行的 Q 型聚类分析。主要是通过分类菜单中的功能实现的。在数据文件中选择主菜单 Analyze 中的 Classify ,然后再选择下拉菜单 K－means Cluster 选择相应的选项完成快速聚类。

五、分析与案例题

公众统计素养调查问卷部分编码对照表

变量序号	相应问卷题号	变量名称	变量类型	变量含义	变量值及编码
1	Q4.1	Q4.1	数值型	对统计教育体系的了解程度	1 非常熟悉 2 基本了解 3 听说过,但不了解 4 没有听说过
2	Q4.2	Q4.2.1	数值型	对统计教育事业重心放在普通高等教育的认同度	无

续表

变量序号	相应问卷题号	变量名称	变量类型	变量含义	变量值及编码
3	Q4.2	Q4.2.2	数值型	对统计教育事业重心放在中小学教育的认同度	无
4	Q4.2	Q4.2.3	数值型	对统计教育事业重心放在继续教育的认同度	无
5	Q5	Q5.1	数值型	对搜集数据方法的了解程度	1 非常熟悉 2 基本了解 3 听说过,但不了解 4 没有听说过
6	Q5	Q5.2	数值型	对整理数据方法的了解程度	1 非常熟悉 2 基本了解 3 听说过,但不了解 4 没有听说过
7	Q5	Q5.3	数值型	对整理数据方法的了解程度	1 非常熟悉 2 基本了解 3 听说过,但不了解 4 没有听说过

第八章

市场预测概述

指点迷津

一、学习目的与要求

通过本章学习，要求学生应该掌握：①了解市场预测的含义和作用；②掌握市场预测的原则和原理，学习市场预测的一般内容；③熟悉市场预测的步骤程序，从而对市场预测基本理论有比较系统的认识和了解。

二、本章重点和难点

本章的教学内容不是很多，但有些内容还是应该在教学过程中注意。首先在理解和掌握市场预测基本概念术语的基础上，重点掌握市场预测的基本分类、内容和步骤；难点主要体现在对概念的理解、预测原理和原则等“思想”层面的理解上；计算方面的重点和难点则是几个预测误差的计算。

三、几点说明

1. 市场预测是在市场调查的基础上对未来市场的预计和估测，它与算命、占卜有着本质的不同。

2. 市场预测有很多分类和方法，实际应用时应根据研究目的、任务要求以及客观对象的特点来选择科学的预测类型和方法。

3. 市场预测的核心内容是市场供应量和需求量，既要预测总量，又要预测结构。

4. 市场预测只是对未来市场的一种估计，与实际情况存在一定出差异，因此说预测误差的存在是一种必然。但我们的工作是尽量使得我们的误差能够计算并控制在最小范围内。

5. 恰当的案例辅佐很有必要。

脉络框架

- 市场预测的涵义和种类
  - 涵义
    - 市场预测要素
      - 信息
      - 方法
      - 分析
      - 判断
    - 市场预测的特征
      - 描述性
      - 服务性
      - 局限性
    - 市场预测与市场调查的关系
    - 市场预测的作用
      - 利于满足消费消费需求
      - 利于资源有效配置
      - 企业经营决策前提
  - 种类
    - 按市场预测范围
      - 宏观市场预测
      - 微观市场预测
    - 按市场预测时间
      - 短期市场预测
      - 近期市场预测
      - 中期市场预测
      - 长期市场预测
    - 按市场预测的空间
      - 国内市场预测
      - 国际市场预测
    - 按市场预测方法
      - 定性市场预测
      - 定量市场预测
    - 按市场预测值的分布状况
      - 点值市场预测
      - 区间市场预测
- 市场预测的基本原理和原则
  - 基本原理
    - 可知性
    - 系统性
    - 服务性
  - 基本原则
    - 连续性原则
    - 类推原则
    - 相关原则
    - 可控制原则
    - 质量结合原则

- 市场预测的内容和基本步骤
  - 内容
    - 市场需求预测
      - 顾客调查与分析预测
      - 市场需求的趋势预测
      - 消费需求倾向的变化趋势预测(四种类型)
      - 消费心理变化趋势分析预测
    - 市场供给预测
    - 市场营销环境预测
      - 市场政治环境预测
      - 市场经济环境预测
      - 市场文化环境预测
    - 市场行情预测
  - 步骤
    - 确定市场预测目的
    - ↓
    - 收集与整理资料
    - ↓
    - 选择预测方法建立模型
    - ↓
    - 确定预测值和估计预测误差
      - 单个预测值误差测定
        - 绝对预测误差
        - 相对预测误差
      - 多个预测值误差测定
        - 平均绝对误差
        - 平均相对误差
        - 方差标准差
    - ↓
    - 提出预测结果报告

习题练兵

一、名词解释

1. 市场预测　2. 定性预测　3. 定量预测　4. 宏观预测
5. 微观预测　6. 需求预测　7. 供给预测　8. 行情预测

二、单项选择题

1. 近期市场预测一般是以(　)为时间单位。

A. 月　　B. 周、旬
C. 3—5 年　　D. 5 年以上

2. 以大量历史观察值为主要依据,建立适当数学模型,推断或估计市场未来供给量和需求量是(　)的特点。

A. 定性市场预测　　B. 定量市场预测
C. 宏观市场预测　　D. 微观市场预测

3. 市场预测的核心内容是(　)。

A. 市场商品价格的变动　　B. 市场占有率预测

C. 生产发展及其变化趋势　　D. 市场供应量和需求量

4. (　)是进行市场预测的首要问题。

A. 确定市场预测的目的　　B. 调查、收集、整理资料

C. 对资料进行分析　　D. 检验预测成果

5. 定性预测与定量预测的主要区别是(　)。

A. 定性预测指预测市场发展趋势,不测算预测值

B. 定性预测应用起来灵活方便

C. 预测依据不同

D. 定量预测法测算预测值

6. 对于无法确定其主要影响因素的市场现象进行预测的最合适的方法是(　)。

A. 定性市场预测　　B. 相关回归分析市场预测法

C. 定量市场预测法　　D. 时间序列市场预测法

7. 对新产品投放市场的需求量进行预测时,最好用(　)。

A. 定性市场预测　　B. 相关回归分析市场预测法

C. 定量市场预测法　　D. 时间序列市场预测法

8. 平均绝对误差小于(　)的预测是我们可以接受的。

A. ±5%　　B. ±10%

C. ±15%　　D. ±20%

9. 市场预测所需的资料有(　)两大类。

A. 一手资料和现实资料　　B. 二手资料和历史资料

C. 历史资料和二手资料　　D. 一手资料和二手资料

10. 选择适当的预测方法,就是(　)。

A. 选择预测精度最高的方法

B. 选择预测精度最低的方法

C. 根据现象及各种影响因素的特点来选择

D. 选择过程简单,运算量小的预测方法

三、多项选择题

1. 中期市场预测可以(　　)。

A. 为企业编制 3—5 年经济发展计划提供重要依据

B. 用于长期影响市场的各种因素的预测

C. 对年度的市场情况作出预测

D. 分析研究市场未来的发展趋势，研究市场发展变化的规律。

2. 按市场预测方法的不同，市场预测可以分为(　　)。

A. 定性市场预测　　B. 单项商品预测

C. 商品总量预测　　D. 定量市场预测

3. 市场预测所需的现实资料(　　)。

A. 是预测期以前各观察期的各种有关市场资料

B. 一般是预测者根据需要对市场进行调查的结果

C. 可以是各种调查机构的已有资料

D. 是指进行预测时或预测期内市场及各种因素的资料

4. 市场预测中的价格预测，必须预测(　　)。

A. 各种影响价格因素的变动　　B. 预测产品的成本

C. 预测产品的利润　　D. 商品生产中的劳动生产率水平

5. 消费需求的变化，主要是由(　　)引起的。

A. 生产的发展　　B. 居民购买力的提高

C. 消费者消费心理的变化　　D. 生产企业经济效益的变化

6. 关于预测误差，以下说法正确的是(　　)。

A. 市场预测可以没有误差

B. 市场预测一定会有误差

C. 预测误差过大的预测结果不能使用

D. 存在预测误差就是预测结果不准确

7. 造成市场预测不准确的原因主要有(　　)。

A. 市场预测资料的限制　　B. 市场现象影响因素的复杂性

C. 市场精度要求过高　　D. 预测方法不适当

8. 提高市场预测精度的可能性从根本上说是由(　　)决定的。

A. 市场现象存在连续性

B. 市场现象与其他事物视相互联系的

C. 市场现象客观上存在的发展变化规律

D. 选择的市场预测方法

9. 市场现象影响因素的复杂性表现在(　　)。

A. 有些因素影响比较间接

B. 有些因素比较偶然，带有很大随机性

C. 有些因素无法取得量化资料或者根本无法量化

D. 影响因素数量巨大

10. 预测方法是否科学，表现在(　　)。

A. 能否充分利用市场预测资料

B. 预测误差是否足够小

C. 方法本身是否具有科学的依据

D. 预测方法的适用性是否得到了发展

四、简答题

1. 什么是市场预测？说明市场预测的必要性。
2. 论述市场预测与市场调查的关系。
3. 简述市场预测的类型。
4. 简述市场预测的主要内容。
5. 论述市场预测的基本步骤。

参考答案

一、名词解释(略)

二、单项选择题

1. A　2. B　3. D　4. A　5. C　6. D　7. A　8. A　9. C　10. C

三、多项选择题

1. ABD　2. AD　3. BCD　4. ABCD　5. ABC　6. BC　7. ABD　8. ABC　9. ABC　10. CD

四、简答题(略)

案例精粹

Pizza Pronto 的市场预测

快速比萨店(Pizza Pronto)是一家在美国中西部7个州经营的地区性比萨

饼连锁店。该公司打算到顾客中去发现这些顾客在质量方面有何期望，决定实行一项市场调查来提出其顾客怎样定义质量的问题，并为下一步经营做出合理的预测。

［预期目标］

1. 确定顾客满意的关键决定因素；

2. 测量当前顾客对那些关键决定因素的满意水平；

3. 确定每一个关键满意决定因素在决定整体满意度时的相对重要性；

4. 为管理者提供关于公司应朝什么方向努力的建议。

［调查分析］

1. 确定顾客满意的关键决定因素的方法。

组织了几个顾客焦点小组访谈。分析确定了五个关键决定因素：食品的整体质量、菜单项目的多样性、快速比萨店雇员的友好、物有所值和服务速度。

2. 测量当前顾客对那些关键决定因素的满意水平的方法。

对1200名随机抽取的个人进行集中定点电话采访。这些人在过去的30天内已在一个快速比萨店中购物或进餐（在店中吃或带走）。调查中要收集的关键信息包括：

(1)整体顾客满意等级。以10分量表评定快速比萨店的整体顾客满意等级：

1＝最差， 10＝最好。

(2)五个关键决定因素顾客满意水平等级：

使用与整体顾客满意等级相同的10分量表。

(3)人口统计特征。

3. 确定每一关键满意决定因素在整体满意度时的相对重要性。

广泛使用了交叉表格和其他传统的统计分析方法，得到：

$$Y=0.48X_1+0.13X_2+0.27X_3+0.42X_4+0.57X_5$$

式中：Y表示整体顾客满意等级；X_1表示食品质量等级；X_2表示菜单多样化等级；X_3表示雇员友好等级；X_4表示价值等级；X_5表示服务速度等级。

在10分量表下的整体顾客满意和五个关键决定因素的平均等级为：

$Y=7.3 \quad X_1=6.8 \quad X_2=7.7 \quad X_3=8.4 \quad X_4=6.9 \quad X_5=8.2$

回归系数为决定整体顾客满意度的不同关键决定因素的相对重要性提供了依据。结果表明：服务速度(0.57)在决定整体顾客满意度时最重要；菜单项目的多样性(0.13)最不重要。

［努力方向］

从表现等级的结构分析可知，顾客认为快速比萨店在雇员的友好上做得最好，其次是服务速度，而在食品的整体质量做得最不好。据此，快速比萨店必须在提高食品的整体质量上采取积极有效的措施。

［趋势预测］

如果快速比萨店在提高食品的整体质量方面的措施实施以后，再进行调查，食品的整体质量的数值则可能增加，同时其他四个关键决定因素相应的数值也会有所变化。在不同的时段多次反复调查之后，就会取得若干组数据，企业可根据得到的数据进行预测分析，并测定预测误差，检验预测结果，修正预测值。

［案例分析］

从上述案例中，我们了解到市场预测的一般步骤。不同的预测，程序的繁简有所不同，但是大致的过程是接近的。一般首先确定市场预测的目的或具体的目标；然后调查、收集、整理市场预测所需的资料，包括历史资料和现实资料等；再然后对资料进行周密分析，选择适当的预测方法；接下来，如果需要的话，建立合理的市场预测模型，根据整理的资料确定预测值，并测定预测误差；最后，检验预测结果，修正预测值。

［案例结论］

科学的预测，要有科学的程序。不同的预测，程序的繁简有所不同，但是一般来讲，程序的过程是接近的。通过上面的案例，可以说明预测的一般过程。

［案例拓展］

如果请你为 Pizza Pronto 做一次市场预测，你会在此案例的基础上做哪些完善？

——案例选自《市场调查与预测》（胡穗华、张伟今、谢虹主编，中山大学出版社 2006 年）

第九章

定性市场预测法

指点迷津

一、学习目的与要求

通过本章学习，掌握最常用的直观判断预测法，包括个人判断法、集体判断法、专家会议法、先行指标预测法、联测法，转导法和类推法等的涵义与特点。掌握德尔菲法（专家调查法）的由来、特点及其预测步骤。掌握情景预测法的由来、特点、预测原理和预测步骤，并能灵活运用这些方法进行市场预测。

二、本章重点

1. 集体判断法与个人判断法比较的特点。
2. 集体判断法预测数据的处理。
3. 专家会议法的概念、特点及类型。
4. 专家会议法应注意的问题。
5. 联测法与转导法的涵义及其预测模型设定。
6. 德尔菲法的特点。
7. 德尔菲法征询结果的统计处理方法。
8. 情景预测法的特点。
9. 情景预测法预测原理及步骤。

三、本章难点

1. 集体判断法各部分预测人员预测值发生概率的确定与权数的确定。

2. 专家会议法专家的选择问题。
3. 联测法与转导法预测模型构建。
4. 德尔菲法征询结果的统计处理方法。
5. 情景预测法预测原理及步骤。

脉络框架

- 定性预测法
  - 直观判断预测法
    - 概念和特点
    - 种类
      - 个人判断法：概念与特点
      - 集体判断法：概念、特点；预测案例及步骤
      - 专家会议法：
        - 概念、特点
        - 类型
          - 头脑风暴法
          - 交锋式会议法
          - 混合式会议法
        - 预测案例及步骤
        - 注意的问题
      - 先行指标预测法
        - 概念、特点
        - 先行指标的选择
        - 局限性
      - 联测法：概念、特点；预测案例及步骤
      - 转导法：概念；预测模型为：$\hat{Y}=X(1\pm K)\cdot q_1\cdot q_2\cdots q_n$
      - 类比法：概念；种类
  - 德尔菲法
    - 由来
    - 特点
      - 匿名性
      - 反馈性
      - 集中性
      - 统计性
    - 预测原理和步骤
  - 情景预测法
    - 由来
    - 特点
      - 使用范围广，不受任何条件限制；
      - 考虑全面，应用灵活；
      - 定性定量分析相结合，可提供主、客观结合的未来情景；
      - 能及时发现难题，采取行动消除或减轻其影响。
    - 预测原理和步骤

习题练兵

一、名词解释

1. 定性市场预测法
2. 直观判断预测法
3. 个人判断法
4. 集体判断法
5. 主观概率法
6. 专家会议法
7. 先行指标预测法
8. 联测法
9. 转导法
10. 类推法
11. 德尔菲法
12. 情景预测法

二、填空题

1. 个人判断法是以预测者的______和______为基础，对预测对象未来的发展趋势及状态作出个人判断的方法。

2. 集体判断法较之个人判断法，可以避免单凭个人经验进行预测而产生的______。

3. 主观概率法是人们凭经验或预感而估算出来的______来测算其可能事件的______，从而计算综合预测值的方法。

4. 联测法是以某个企业的______或某一地区的______资料为基础，进行分析、判断、联测，确定某一行业以至整个市场的预测值。

5. 转导法是以______所得的某项经济指标预测值为基础，依据该指标与预测目标间相关比率的资料，转导出预测指标的一种方法。

6. 类推法可以分为______类推预测、______类推预测、______类推预测三种。

7. 德尔菲法通过______及有控制的信息反馈，以使专家们进行有组织的______的思想交流，其目的是消除或减少面对面会议的缺陷。

8. 德尔菲法是将预测的问题和背景材料编成一种调查表，用______方式给专家的多轮函询调查。

9. 情景预测法是一种新兴的预测法，又称______、______。

10. 情景预测法的一般方法：______、______、______。

三、单项选择题

1. 德尔菲法给专家的有关材料是用下列哪种方式(　)。

A. 信函　　B. 电话

C. 会议　　D. 电报

2. 类推法适用的预测有(　)。

A. 旧产品预测　　B. 新产品预测

C. 宏观市场预测　　D. 微观市场预测

3. 集体判断法各方案期望值的计算公式为(　)。

A. $E=\sum_{i=1}^{n}(X_i \cdot P_i)$　　B. $E=X_i \cdot P_i$

C. $E=\dfrac{\sum_{i=1}^{n} X_i \cdot P_i}{X_I}$　　D. $E=\dfrac{\sum_{i=1}^{n} X_i \cdot P_i}{P_i}$

4. 质疑式头脑风暴法是对下列哪种方法的改进(　)。

A. 交锋式会议法　　B. 联测法

C. 头脑风暴法　　D. 类推法

5. 下列属于先行指标的是(　)。

A. 城镇居民个人收入　　B. 单位产品成本

C. 抵押贷款利息　　D. 企业技改投资的增加

6. 类推结果存在非必然性,运用类推预测法需要注意类别对象之间的(　)。

A. 差异性　　B. 相似形

C. 同一性　　D. 可比性

四、多项选择题

1. 下列预测方法属于直观判断预测法的有(　)。

A. 个人判断法　　B. 集体判断法

C. 移动平均法　　D. 转导法

2. 专家会议预测法的类型有(　)。

A. 头脑风暴法　　B. 交锋式会议法

C. 混合式会议法　　D. 转导法

3. 根据预测目标和市场范围的不同,类推法可以分为(　)。

A. 产品类推预测　　B. 联测类推预测

C. 地区类推预测　　D. 行业类推预测

4. 情景分析法与管理学中的(　)等有相同或相近的内容。

A. 头脑风暴法　　B. 设想未来法

C. 案例法　　D. 未来案例法

5. 情景分析法的特点有(　)。

A. 使用范围很广,不受任何条件限制,只要对未来的分析都可使用;

B. 考虑较全面,应用起来灵活;

C. 通过定性定量分析相结合,为决策者提供主、客观相结合的未来情景;

D. 能及时发现未来可能出现的难题,以便采取行动消除或减轻其影响。

6. 情景预测法的一般方法有(　)。

A. 未来分析法　　　　B. 主观概率法

C. 目标展开法　　　　D. 间隙分析法

五、简述题

1. 简述集体判断法的预测步骤。
2. 运用专家会议法应注意的问题有哪些?
3. 简述专家会议预测法的预测步骤。
4. 简述先行指标的选择问题。
5. 头脑风暴法对专家的要求有哪些?
6. 简述德尔菲法的预测原理和步骤。
7. 情景预测法有何特点?
8. 简述情景分析法的步骤。

六、计算题

1. 某公司为预测明年电脑销售量,要求三位经理、三个职能部门(计划部、财务部、商务部)以及销售部的5名业务员分别作出销售预测如下表所示。

表 9—1　　单位:台

经理	销售估计值						期望值	权数
	高	概率	中	概率	低	概率		
A	18000	0.2	16000	0.6	13000	0.2		0.5
B	20000	0.3	18000	0.4	16000	0.3		0.3
C	16000	0.3	15000	0.5	14000	0.2		0.2

表 9—2 单位:台

部门	销售估计值						期望值	权数
	高	概率	中	概率	低	概率		
计划	15000	0.2	13000	0.6	12000	0.2		0.3
财务	16000	0.3	14000	0.5	13000	0.2		0.3
商务	19000	0.1	17000	0.5	15000	0.4		0.4

表 9—3 单位:台

业务员	销售估计值						期望值	权数
	高	概率	中	概率	低	概率		
A	14000	0.3	12000	0.5	11000	0.2		0.2
B	14000	0.1	13000	0.6	12000	0.3		0.3
C	13000	0.2	12000	0.6	11000	0.2		0.1
D	13000	0.2	12000	0.5	10000	0.3		0.2
E	12000	0.1	11000	0.7	10000	0.2		0.2

试据上述资料用集体判断法预测该公司明年电脑销售量。

2. 某建筑公司承建位于某市的商住楼的主体结构工程(框剪结构)的 H 工程施工,建筑面积 20000m^2,20 层,工期 2007 年 1 月至 2008 年 2 月。公司在施工之前将进行 H 工程的成本预测工作。试采用专家会议法预测成本。已知该公司召开由本公司的 9 位专业人员参加的预测会议,预测 H 工程的成本。各位专家的意见分别为:1200、1250、1100、1050、1150、1400、1350、1300、1500(单位:元/m^2)。由于结果相差较大,经反复讨论,意见集中在 1200(3 人)、1300(4 人)、1400(3 人),试预测 H 工程的成本。

3. 某电脑公司为开拓四城市电脑市场,拟用联测法预测此四城市 2008 年居民家庭对电脑的需求量。设 2007 年四城市实际销量如表 9－4 所示,表中 X_1,X_2,X_3,X_4分别代表四个城市。

表 9—4

城市代号	X_1	X_2	X_3	X_4
实际销售量(台)	5000	6500	4800	5400
居民家庭(万户)	8	10	7.5	9
销售率(台/户)	0.0625	0.065	0.064	0.060

4. 某品牌空调生产厂拟预测 2008 年在当地市场上的销售额，设当地 2007 年商品销售总额为 42 亿元，增长速度为 15%，经调查，空调销售额占商品销售额的比重为 5%，该厂在空调市场中的市场占有率为 20%。

5. 某公司为掌握市场动态，从而指导公司经营决策，聘请了 15 位专家，对某型号微波炉投放市场后的年销售量，采用德尔菲法，进行预测，通过四轮征询，得出第四轮结果如表 9－5 所示。

表 9－5　某型号微波炉年销售量专家预测分析表　　单位：台

专家小组成员	第四轮专家征询结果		
	最高销售量	最可能销售量	最低销售量
1	900	600	480
2	900	770	500
3	700	600	400
4	860	600	450
5	600	500	220
6	1000	800	600
7	800	600	440
8	700	600	400
9	700	500	330
10	720	600	350
11	900	720	500
12	800	600	400
13	800	700	500
14	840	700	550
15	900	800	660

6. 道路运输需求预测作为制定道路运输规划的核心，是道路运输业制定发展战略、编制行业规划的基本依据，已成为规划编制工作中的一个重要步骤。运输需求涉及的因素较多且具有不确定性。近年随着我国经济持续快速增长、道路运输业市场化、区域经济一体化进程的进一步加快，未来时期道路运输业也面临着激烈变动，将呈现出区域交通一体化、运输能力大飞跃、运输结构大调整等新局面。请用情景预测法对某市道路省际客运需求进行分析。

（参考：熊琦，虞明远．基于情景分析法的北京市道路省际客运需求预测研究[J]．交通运输工程与信息学报，2006(12)：94－99）

参考答案

一、名词解释(略)

二、填空题

1. 知识　　经验
2. 主观片面性
3. 概率　　期望值
4. 普查资料　　抽样调查
5. 间接调查
6. 产品　　行业　　地区
7. 征询调查　　匿名
8. 信函
9. 脚本法　　前景描述法
10. 未来分析法　　目标展开法　　间隙分析法

三、单项选择题

1. A　2. B　3. A　4. C　5. D　6. A

四、多项选择题

1. ABD　2. ABC　3. ACD　4. ABCD　5. ABCD　6. ACD

五、简述题

1题答:第一步:预测组织者根据公司所处环境条件及经营策略向参与预测人员的部门提出预测费用和预测期限要求,并提供预测所需资料、信息;第二步:参与预测的人员和部门根据要求及掌握的资料信息凭个人经验和分析判断能力,提出各自的预测方案;第三步:预测组织者计算各预测方案的期望值;第四步:将参与预测的有关人员分类,并对各类人员的预测方案进行综合;第五步:将各类人员的综合预测值加以综合;第六步:确定最终预测值。以企业综合预测值为基础并根据市场诸因素的影响,作出适当调整,确定最终预测值。

2 题答:(1)选择合适的专家。专家选择得是否恰当,直接影响预测质量。因此,应特别重视专家的选择,一般应根据研究的项目,专业领域等进行选择。(2)确定专家的数目。专家数目的多少主要取决于所研究问题的复杂程度和涉及面的大小等。一般专家人数以 10 人左右为宜。(3)如何让专家把意见充分发表出来。

3 题答:第一步:邀请专家参加会议,被邀请的专家人数以 10 人左右为宜;第二步:会议召集人提出题目及各种可行方案,让专家们充分发表意见;第三步:会议召集人为专家们提供良好的畅谈氛围,使专家们能够敞开思想无拘无束,畅所欲言,各抒己见,自由讨论;第四步:会议结束后,召集人对各种方案进行比较、评价归类,最后确定预测方案。

4 题答:(1)从企业决策形成角度选择先行指标;(2)从企业生产条件角度选择先行指标;(3)从企业环境约束角度选择先行指标。

5 题答:(1)如果应邀的专家彼此相互认识,就要从同一职位(职称和职务)的人员中挑选,领导者不应参加;(2)如果应邀的专家彼此互不认识,就要从不同职位(职称和职务)的人员中挑选,但禁止宣布参加者的职位;(3)选择专家不仅需看其经验、知识,还要看其是否善于表达自己的意见;(4)参加会议的专家数目一般 10—15 人为好,人数太多或太少,都不利于思维激发,以致问题讨论得不够深入;(5)对专家的要求主要有:讨论的问题不宜太小,得附加各种约束条件;强调提新奇设想,越新奇越好;提出的设想越多越好;鼓励结合他人的设想提出新设想;不允许私下交谈,不得宣读事先准备好的发言稿;与会者不论职位高低,一律平等相待;不允许对提出的创造性设想作判断性结论;不允许批评或指责别人的设想;不得以集体或权威意见的方式妨碍他人提出的设想;提出的设想不分好坏,一律记录下来。

6 题答:德尔菲法通过征询调查及有控制的信息反馈,以使专家们进行有组织的匿名的思想交流,其目的是消除或减少面对面会议的缺陷。把一系列关于未来的问题和“事件说明”印发给专家,请他们各自作出预测,这些答复经分析后再交给专家,请他们给出他们的预测理由。利用通讯工具提供了一轮一轮的征询调查表和反馈信息,并能进一步诱导出新的信息以改进原先的预测。其预测步骤如下:第一步:准备阶段,成立预测小组,确定专家名单,发出邀请,准备与预测内容相关的背景材料,提出预测内容和要求;第二步:征询阶段,征询阶段一般有三至四轮反复;第三步:数据处理阶段,对专家预测意见还须进行统计处理,才能得到最终预测值,其方法主要有三种:算术平均法、几何平均法、中位数法和上下四分位数法;第四步:预测报告写作阶段,对专家几轮的意见进行汇总整理、统计分析，最后将比较集中的意见整理成为预测结果，写出预测报告书。

7题答：(1)使用范围很广，不受任何条件限制，只要对未来的分析都可使用；(2) 考虑较全面，应用起来灵活；(3) 通过定性定量分析相结合，为决策者提供主、客观相结合的未来情景；(4) 能及时发现未来可能出现的难题，以便采取行动消除或减轻其影响。

8题答：第一步：确定预测主题。即根据预测对象确定预测主题；第二步：根据预测主题，收集并分析资料；第三步：寻找影响主题的环境因素及影响程度；第四步：归纳各种影响因素；第五步：预测。

六、计算题

1题解：第一步：预测组织者根据公司所处环境条件及经营策略向参与预测人员的部门提出预测费用和预测期限要求，并提供预测所需资料、信息。

第二步：参与预测的人员和部门根据要求及掌握的资料信息凭个人经验和分析判断能力，提出各自的预测方案。假设预测结果如下表所示。

表 9—6 单位：台

经理	销售估计值						期望值	权数
	高	概率	中	概率	低	概率		
A	18000	0.2	16000	0.6	13000	0.2	15800	0.5
B	20000	0.3	18000	0.4	16000	0.3	18000	0.3
C	16000	0.3	15000	0.5	14000	0.2	15100	0.2

表 9—7 单位：台

部门	销售估计值						期望值	权数
	高	概率	中	概率	低	概率		
计划	15000	0.2	13000	0.6	12000	0.2	13200	0.3
财务	16000	0.3	14000	0.5	13000	0.2	14400	0.3
商务	19000	0.1	17000	0.5	15000	0.4	16400	0.4

表 9—8　　单位:台

业务员	销售估计值						期望值	权数
	高	概率	中	概率	低	概率		
A	14000	0.3	12000	0.5	11000	0.2	12400	0.2
B	14000	0.1	13000	0.6	12000	0.3	12800	0.3
C	13000	0.2	12000	0.6	11000	0.2	12000	0.1
D	13000	0.2	12000	0.5	10000	0.3	11600	0.2
E	12000	0.1	11000	0.7	10000	0.2	10900	0.2

第三步:预测组织者计算各预测方案的期望值。

各方案期望值等于各种可能状态估计值与其概率值乘积之和,计算公式为:

$$E = \sum_{i=1}^{n} (X_i \cdot P_i)$$

n——可能出现销售状态的种数;E——期望值;Xi——i 种状态下的销售估计值;Pi——i 种状态下的概率估计值。

如计算 A 经理预测方案的期望值为:

E=18000×0.2×16000×0.6+13000×0.2=15800(台)

其他期望值的计算结果见表 1 至表 3 所示。

第四步:将参与预测的有关人员分类,并对各类人员的预测方案进行综合。由于各类人员的经验丰富程度不同及所处角度不同,因此,可以对各预测方案的期望值给予不同的权数,即用加权平均数进行综合。

综合预测值的计算公式为:

$$\hat{Y} = \sum_{i=1}^{n} E_i \cdot W_i$$

式中:$\hat{Y}$ ——各类预测人员的综合预测值;E_i——某类人员中第 i 位方案的期望值;W_i——某类人员中第 i 位方案的权数;n——某类人员的人数。

根据表 1 至表 3 中给定的权数及期望值,则各类人员综合预测值分别为:

$\hat{Y}_1$=158000.5+18000×0.3+15100×0.2=16320(台)

$\hat{Y}_2$=13200×0.3+14400×0.3+16400×0.4=14840(台)

$\hat{Y}_3$ =12400×0.2+12800×0.3+12000×0.1+11600×0.2+10900×0.2

=12020（台）

第五步：将各类人员的综合预测值加以综合。

本例中，可采用加权平均法对三类人员的预测值进行综合，设经理类人员权数为 0.5、职能部门类权数为 0.3、业务人员类权数为 0.2，则企业综合预测值为：

16320×0.5+14840×0.3+12020×0.2=15016（台）

第六步：确定最终预测值。以企业综合预测值为基础并根据市场诸因素的影响，作出适当调整，确定最终预测值。本例中对预测值 15016 是否调整视具体影响因素而定。

2 题解：采用加权算术平均数法综合预测成本为：

1200×3+1300×4+1400×3/10=1300(元/m^2)

3 题解：第一步：在四城市中选定某一具有代表性城市进行抽样调查，假设选择 X_1 城市，经调查得到以下资料，X_1 城市 2007 年每 100 户对电脑的需求量为 9 台。即需求率为 0.09。

第二步：联测其他城市的电脑需求率

假设影响四城市电脑需求的各因素大体相同，则两城市销售率之比近似此两城市需求率之比。设 C_1 表示销售率；D_1 表示需求率(i=1、2、3、4)。则有如下比例关系：

$$\frac{C_1}{C_2}=\frac{D_1}{D_2}$$

$$D_2=\frac{D_1 * C_2}{C_1}=\frac{0.09 * 0.065}{0.0625}=0.0936$$

同理有：

$$D_3=\frac{D_1 * C_3}{C_1}=\frac{0.09 * 0.064}{0.0625}=0.0922$$

$$D_4=\frac{D_1 * C_4}{C_1}=\frac{0.09 * 0.06}{0.0625}=0.0864$$

第三步：由各城市需求率推算出各城市需求量为：

X_1 城市需求量=0.09×8000=7200(台)

X_2 城市需求量=0.0936×100000=9360(台)

X_3 城市需求量=0.0922×25000=6915(台)

X_4 城市需求量=0.0864×90000=7776(台)

4 题解：根据这些资料用转导法预测如下：

$\hat{Y}$=420000×(1+15%)×0.2×0.05=4830(万元)

5 题解：

表 9—9 某型号微波炉年销售量专家预测分析表 单位：台

专家小组成员	第四轮专家征询结果		
	最高销售量	最可能销售量	最低销售量
1	900	600	480
2	900	770	500
3	700	600	400
4	860	600	450
5	600	500	220
6	1000	800	600
7	800	600	440
8	700	600	400
9	700	500	330
10	720	600	350
11	900	720	500
12	800	600	400
13	800	700	500
14	840	700	550
15	900	800	660
合计	12120	9690	6780
平均值	808	646	452

方法一：运用算术平均法

$$最高销售平均值=\frac{12120}{15}=808$$

$$最可能销售平均值=\frac{9690}{15}=646$$

$$最低销售量平均值=\frac{6780}{15}=452$$

然后，采用加权平均法对三个平均值进行综合，给定最高销售量权数为0.3；最可能销售量权数为0.5；最低销售量权数为0.2，则综合预测值为：

$$808\times0.3+646\times0.5+452\times0.2=656(台)$$

即微波炉在市场上的年销售量为 656 台。

方法二:运用中位数法

求中位数项数的公式为:

$$M_a=\frac{n+1}{2}$$

式中 M_a——中位数的项数

n——求中位数的数据个数

将各组判断数据分别按其数值大小进行排列为:

最高销售量:1000,900,860,840,800,720,700,600。

$$M_a=\frac{8+1}{2}=4.5$$

即中位数位于第 4 项和第 5 项之间,即:

$$\text{中位数值}=\frac{840+800}{2}=820(\text{台})$$

最可能销售量:800,770,720,600,500。

$$M_a=\frac{5+1}{2}=3$$

即中位数位于第三项,中位数值为 720 台。

最低销售量:660,600,550,500,480,450,440,400,350,330,200

$$M_a=\frac{11+1}{2}=6$$

即中位数位于第 6 位,中位数值为 450 台。

按方法一中的权数计算,综合预测值为:

$$820\times0.3+720\times0.5+450\times0.2=696(\text{台})$$

即微波炉在市场上的年销售量为 696 台。

6 题解:第一步:确定预测主题

可选择某市“十一五”道路省际旅客运输需求为预测对象,预测主题为某市道路省际班线客运量。

第二步:确定主要影响因素

分析和预测某市道路省际旅客运输量需要以分析旅客运输发展状况为着

眼点，而道路省际旅客运输受多种因素的影响，主要体现在运输需求的数量变化、质量变化、方向及范围发展等四个层面上。经分析可确定，某市道路省际旅客运输发展影响因素主要包括：①社会经济发展；②道路旅客运输服务效率；③其他旅客运输方式的影响（或道路旅客运输在综合运输中的地位）；④区域经济联系；⑤城镇化进程和新的城市总体规划等方面。

第三步：因素影响分析

对以上各因素与运输业需求的关系进行分析。

第四步：情景分析预测

利用情景分析的方法，根据近年该市各种省际旅客运输发展趋势，结合上述该市旅客运输影响因素分析，可按可持续发展、传统发展和危机发展等三种方案对道路省际运输进行情景方案的描述，根据前述不同情景下道路省际客运的需求特征和发展趋势，结合当前该市道路省际客运发展的现状，进行分析预测。

第十章

时间序列市场预测法

指点迷津

一、学习目的与要求

通过本章的学习，要求学生掌握各种预测方法的概念、适用条件及预测步骤，并能根据各种历史资料，在定性分析的基础上，选用不同的预测方法，建立预测模型，对预测目标进行预测。

二、本章重点

1. 长期趋势预测法的两个假设前提。
2. 直线模型预测法中，为简化计算，对时间 t 的取值方法。
3. 各种模型预测法的适用条件及模型建立。
4. 二次曲线模型预测法系数推算方法中三点法的基本思想。
5. 指数曲线模型预测法系数推算方法中最小平方法的基本思想。
6. 龚珀兹模型预测法系数推算方法中三和法的基本思想。
7. 移动平均法的概念、种类和基本思想。
8. 移动平均法跨越期的确定方法。
9. 一次移动平均法与二次移动平均法的联系与区别。
10. 指数平滑法与移动平均法的联系与区别。
11. 指数平滑法的特点、初始值和 α 的取值问题。
12. 直接平均季节指数法的预测步骤。
13. 移动平均数季节指数法的预测步骤。
14. 各种预测方法的 EXCEL 软件处理技术。

三、本章难点

1. 各类模型预测法中系数推算方法中最小平方法的基本思想。
2. 二次曲线模型预测法系数推算方法中三点法的基本思想。
3. 二次曲线模型预测法系数计算公式。
4. 龚珀兹曲线模型预测法系数计算公式。
5. 皮尔模型预测法系数计算公式。
6. 如何根据时间序列选择预测模型？
7. 移动平均法跨越期的确定方法。
8. 指数平滑法初始值和α值的确定。
9. 移动平均数季节指数法的预测步骤。
10. 龚珀兹曲线模型预测法与皮尔模型预测法的异同。
11. 移动平均法与指数平滑法的联系与区别。

四、其他有关说明

本章的教学要注重各种方法的对比介绍，强调每种方法的适用条件，尤其是用散点图识别法和阶差识别法来判别应该拟合的模型。教学中多用对比法和案例教学法。

脉络框架

（见下页。）

习题练兵

一、名词解释

1. 长期趋势预测法　2. 直线趋势预测法　3. 二次曲线模型预测法
4. 指数曲线模型预测法　5. 龚珀兹模型预测法　6. 皮尔模型预测法
7. 移动平均预测法　8. 一次移动平均预测法　9. 二次移动平均预测法
10. 指数平滑法　11. 一次指数平滑法　12. 二次指数平滑法
13. 季节指数法　14. 直接平均季节指数法　15. 移动平均季节指数法

- 时间序列预测法
  - 长期趋势预测法
    - 直线模型预测法
    - 曲线模型预测法
      - 二次曲线模型预测法
      - 指数曲线模型预测法
      - 龚珀兹曲线模型预测法
      - 皮尔模型预测法
  - 移动平均法
    - 一次移动平均法
      - 基本原理
      - 主要特点：预测结果具有就近性；跨越期具有固定性；平均数的计算具有移动性
      - 预测模型：

        $$\hat{y}_{t+1} = M_t^{(1)} = \frac{X_t + X_{t-1} + \cdots + X_{t-n+1}}{n} = \frac{1}{n}\sum_{i=t-n+1}^{t} X_i$$
    - 二次移动平均法
      - 基本原理
      - 预测模型：

        $$M_t^{(2)} = \frac{M_t^{(1)} + M_{t-1}^{(1)} + \cdots + M_{t-n+1}^{(1)}}{n} = \frac{1}{n}\sum_{t-n+1}^{t} M_i^{(1)}$$

        $$\hat{y}_{t+T} = a_t + b_t T$$
      - 参数计算：

        $$a_t = 2M_t^{(1)} - M_t^{(2)}$$

        $$b_t = \frac{2}{n-1}(M_t^{(1)} - M_t^{(2)})$$
  - 指数平滑法
    - 一次指数平滑法
      - 基本原理：是一种特殊的加权移动平均法
      - 主要特点：修正数值的大小在很大程度上取决于 α 的大小；需要储存的数据量很小；只能向后预测一期
      - 预测模型：$s_t^{(1)} = \alpha y_t + (1-\alpha) s_{t-1}^{(1)}$

        $\hat{y}_{t+1} = \alpha\ y_t + (1-\alpha)\ \hat{y}_t$
      - α 值和初始值的确定问题
      - 优越性与局限性问题
    - 二次指数平滑法
      - 基本原理
      - 预测模型：$S_t^{(2)} = \alpha S_t^{(1)} + (1-\alpha) S_{t-1}^{(2)}$

        $\hat{y}_{t+T} = a_t + b_t T$
      - 参数计算：

        $$\begin{cases} a_t = 2s_t^{(1)} - s_t^{(2)} \\ b_t = \dfrac{\alpha}{1-\alpha}[s_t^{(1)} - s_t^{(2)}] \end{cases}$$

- 时间序列预测法
  - 季节指数法
    - 直接平均季节指数法
      - 概念
      - 适用范围：没有明显的长期趋势变动
      - 预测步骤及主要计算公式：
      - 各年同月或同季观察值的平均值 A_t
      - 历年所有月份或季度的总平均值 B
      - 季节指数 $S_t=\frac{A_t}{B}$
      - 调整后的季节指数 $\hat{S}_t=S_t\times k$
      - 预测值 $\hat{X}_t=\hat{X}*S_t$ 或 $\hat{X}_t=\hat{X}\times\hat{S}_t$
    - 移动平均数季节指数法
      - 概念
      - 适用范围：具有长期趋势变动
      - 特点：既消除长期变动又消除循环变动和不规则变动的、比较精确地反映季节变动情况的季节指数；比直接平均季节指数法更先进、更完善
      - 预测步骤及主要计算公式：
      - 选择跨越期
      - 对移动平均数进行中心化
      - 建立新的时间序列
      - 计算各年同季度的季节指数
      - 对季节指数平均值进行调整，确定季节指数
      - 构建直线模型
      - 根据趋势变动值，考虑季节指数确定预测值

长期趋势预测法对比表

种类	适用条件	预测模型	系数估计公式
直线模型预测法	一阶差分近似为一常数；散点图基本呈线性趋势	$\hat{Y}_t=a+bt$	$\begin{cases} b=\dfrac{n\sum tY_t-\sum t\sum Y_t}{n\sum t^2-(\sum t)^2} \\ a=\dfrac{\sum Y_t}{n}-b\dfrac{\sum t}{n} \end{cases}$
二次曲线模型预测法	二阶差分近似为一个常数；图形是一个弯曲向上凹或向下凹的曲线，即由高而低再升高，或由低而高再降低的趋势	$\hat{y}_t=a+bt+c\,t^2$	五项加权平均时，系数的计算公式为： $\begin{cases} \hat{c}=\dfrac{2(R+T-2S)}{(n-5)^2} \\ \hat{b}=\dfrac{T-R}{n-5}-\dfrac{3n+7}{3}\hat{c} \\ \hat{a}=R-\dfrac{11}{3}\hat{b}-\dfrac{121}{9}\hat{c} \end{cases}$ 三项加权平均时，系数的计算公式为：

续表

种类	适用条件	预测模型	系数估计公式
			$\begin{cases}\hat{c}=\dfrac{2(R+T-2S)}{(n-3)^2}\\ \hat{b}=\dfrac{T-R}{n-3}-\dfrac{3n+5}{3}\hat{c}\\ \hat{a}=R-\dfrac{7}{3}\hat{b}-\dfrac{49}{9}\hat{c}\end{cases}$
指数曲线模型预测法	逐期增减率大体相同，即一次比率为一个常数	$\hat{y}_t=ab^t$ $\lg\hat{y}_t=\lg a+t\lg b$	$\begin{cases}\lg\hat{a}=\dfrac{\sum\lg y_t}{n}\\ \lg\hat{b}=\dfrac{\sum t\lg y_t}{\sum t^2}\end{cases}$
龚珀兹曲线模型预测法	初期增长速度缓慢，随后增长速度逐渐加快，达到一定程度后又逐渐减慢，最后达到饱和状态的趋势；对数的一阶差分的环比为一个常数	$\hat{y}_t=ka^{b^t}$ $\lg\hat{y}_t=\lg k+b^t\lg a$	$\begin{cases}b=\sqrt[n]{\dfrac{\sum_3\lg y-\sum_2\lg y}{\sum_2\lg y-\sum_1\lg y}}\\ \lg a=(\sum_2\lg y-\sum_1\lg y)\dfrac{b-1}{(b^n-1)^2}\\ \lg k=\dfrac{1}{n}(\sum_1\lg y-\lg a\dfrac{b^n-1}{b-1})\end{cases}$
皮尔模型预测法	初期增长速度缓慢，随后增长速度逐渐加快，达到一定程度后又逐渐减慢，最后达到饱和状态的趋势；倒数的一阶差分的环比为一个常数	$\hat{y}_t=\dfrac{1}{k+ab^t}$ $\dfrac{1}{\hat{y}_t}=k+ab^t$	$\begin{cases}b=\sqrt[n]{\dfrac{\sum_3\dfrac{1}{y_t}-\sum_2\dfrac{1}{y_t}}{\sum_2\dfrac{1}{y_t}-\sum_1\dfrac{1}{y_t}}}\\ a=(\sum_2\dfrac{1}{y_t}-\sum_1\dfrac{1}{y_t})\dfrac{b-1}{(b^n-1)^2}\\ k=\dfrac{1}{n}(\sum_1\dfrac{1}{y_t}-a\dfrac{b^n-1}{b-1})\end{cases}$

二、填空题

1. 直线模型预测法适用于时间序列的一阶差分近似为____，或散点图____。

2. 直线模型预测法系数的推算有_____和_____。

3. 二次曲线模型_____差分近似为一个常数。

4. 指数曲线模型_____近似为一个常数。

5. 皮尔曲线又称之为_____。

6. 三和值法（又叫三段法）是将时序分成相等的三个_____，分别求出每一间距内各期_____，然后，利用三个间距时序值的和计算_____的方法。

7. 移动平均预测法是______中的一种预测方法。是采用______的方法，计算一系列______，把每期平均数作为下一期预测值的方法。

8. 一次移动平均预测法直接用最近期的______平均值作为______的预测值，使其预测值明显的存在______。

9. 二次移动平均预测法适用于时间序列数据呈现______变化的预测。

10. 二次移动平均预测法是对一次移动平均值再进行移动平均，并根据______、一次移动平均值和二次移动平均值之间的______关系，建立预测模型进行预测的方法。

11. 直接平均季节指数法适用于______长期趋势变动的预测目标的预测。

12. 移动平均季节指数法适用于______长期趋势变动的预测目标的预测。

三、单项选择题

1. 直线模型预测法系数的计算公式为(　)。

A. $\begin{cases} b=\dfrac{n\sum tY_t-\sum t}{n\sum t^2-(\sum t)^2} \\ a=\dfrac{\sum Y_t}{n}-b\dfrac{\sum t}{n} \end{cases}$

B. $\begin{cases} b=\dfrac{n\sum tY_t-\sum t\sum Y_t}{n\sum t^2-(\sum t)^2} \\ a=\dfrac{\sum Y_t}{n}-b\dfrac{\sum t}{n} \end{cases}$

C. $\begin{cases} b=\dfrac{n\sum tY_t-\sum t}{n\sum t^2-(\sum t)^2} \\ a=\dfrac{\sum Y_t}{n}-b\dfrac{1}{n} \end{cases}$

D. $\begin{cases} b=\dfrac{n\sum tY_t-\sum t\sum Y_t}{\sum t^2-(\sum t)^2} \\ a=\dfrac{\sum Y_t}{n}-b\dfrac{\sum t}{n} \end{cases}$

2. 多项式曲线模型中最简单的一种曲线模型是(　)。

A. 二次曲线模型　　B. 四次曲线模型

C. 双曲线　　D. 三次曲线模型

3. 拟合龚珀兹曲线模型要求时间序列资料的变动趋势是(　)。

A. 初期增速快，随后增速逐渐缓慢，达到一定程度后又逐渐加快，最后达到饱和状态

B. 初期增速缓慢，随后增速逐渐加快，最后达到饱和状态

C. 初期增速缓慢，随后增速逐渐加快，达到一定程度后又逐渐减慢，最后达到饱和状态

D. 初期增速快，随后增速逐渐缓慢，达到一定程度后又逐渐加快

4. 时间序列对数的一阶差分的环比为一个常数适合拟合的预测模型是(　)。

A. 二次曲线模型　　B. 指数曲线模型

C. 皮尔曲线模型　　D. 龚珀兹曲线模型

5. 时间序列倒数的一阶差分的环比为一个常数适合拟合的预测模型是(　)。

A. 二次曲线模型　　B. 指数曲线模型

C. 皮尔曲线模型　　D. 龚珀兹曲线模型

6. 指数平滑预测方法是一种特殊(　)。

A. 加权移动平均法　　B. 简单移动平均法

C. 直接平均季节指数法　　D. 移动平均季节指数法

7. 指数平滑法中的 α 值,是一个可调节的权数值,它是的取值范围为(　)。

A. $0\leqslant\alpha<1$　　B. $0<\alpha\leqslant1$

C. $0<\alpha<1$　　D. $0\leqslant\alpha\leqslant1$

8. 季节指数预测法一般要求预测者掌握至少按月(季)编制的预测变量的时间序列资料为(　)。

A. 2 年　　B. 2 年以上

C. 3 年　　D. 3 年以上

四、多项选择题

1. 拟合二次曲线模型要求时间序列资料的变动趋势是(　)。

A. 由高而低再升高　　B. 由低而高再降低

C. 由高而低　　D. 由低而高

2. 一次移动平均预测法的主要特点有(　)。

A. 预测结果具有就近性　　B. 预测结果具有远期性

C. 跨越期具有固定性　　D. 平均数的计算具有移动性

3. 根据是否考虑预测对象的长期趋势,可以将季节指数预测法分为(　)。

A. 直接平均季节指数法　　B. 移动平滑季节指数法

C. 直接平滑季节指数法　　D. 移动平均季节指数法

4. 一次指数平滑法的 EXCEL 软件处理的顺序是(　)。

A.【工具】　　B.【数据分析】

C.【数据】　　D.【指数平滑】

5. 二次曲线模型预测法系数的计算公式可由三点法推算得到,其系数计算公式有(　)。

A. 3 项加权平均　　B. 4 项加权平均

C. 5 项加权平均　　D. 6 项加权平均

五、简述题

1. 什么是长期趋势预测法？并简述它的两个假设前提。
2. 简述直线趋势预测法中，为简化计算，对时间 t 的取值有哪些方法。
3. 简述直线模型预测法的特点。
4. 简述二次曲线模型预测法系数推算方法中三点法的基本思想。
5. 简述指数曲线模型预测法系数推算方法中最小平方法的基本思想。
6. 简述龚珀兹模型预测法系数推算方法中三和法的基本思想。
7. 简述皮尔模型预测法的特点。
8. 简述移动平均预测法的概念和特征。
9. 简述移动平均预测法跨越期 n 的取值原则。
10. 什么是一次移动平均预测法？并简述它的基本思想。
11. 简述二次移动平均预测法的注意事项。
12. 指数平滑法的特点及 α 的取值标准是什么？
13. 简述直接平均季节指数法的预测步骤。
14. 移动平均数季节指数法的预测步骤。
15. 移动平均法与指数平滑法的联系与区别。

六、计算题

1. 已知某市 1998～2006 年的某种商品销售额资料如下表所示：

单位：亿元

年份	1998	1999	2000	2001	2002	2003	2004	2005	2006
商品销售额	10	11.9	12.5	13.5	14.7	15	16.7	17.9	19.5

试用最小平方法建立直线预测模型，并对该市 2007 年这种商品的销售额进行预测。

2. 已知某公司 1998～2006 年某种建筑材料销售额资料如下表所示：

单位：百万元

年份	1998	1999	2000	2001	2002	2003	2004	2005	2006
建筑材料销售额	12	8	4	2	3	4	8	10	13

试根据上表资料拟合二次曲线，并根据二次曲线模型预测该公司 2007 年的建筑材料销售额。

3. 某钢厂 1994～2006 年的钢产量资料如下表所示。

单位：万吨

年份	1994	1995	1996	1997	1998	1999	2000	2001	2002	2003	2004	2005	2006
产量	130	148	165	191	213	237	280	341	375	471	510	600	694

试配合二次抛物线预测模型，用最小平方法估计参数，预测 2007 年和 2010 年该厂的钢产量。

4. 某省 1989～2006 年的人口数如下表所示：

单位：万人

年份	人口数	年份	人口数	年份	人口数
1989	3232	1995	3762	2001	4492
1990	3181	1996	3940	2002	4558
1991	3286	1997	4073	2003	4628
1992	3407	1998	4199	2004	4713
1993	3523	1999	4317	2005	4803
1994	3641	2000	4409	2006	4893

试选择合适的预测模型，预测该省 2007～2011 年的人口数。

5. 设某企业 2006 年 1～11 月份对某种商品的需求量如下表所示：

月份(月)	1	2	3	4	5	6	7	8	9	10	11	12
时间序号	1	2	3	4	5	6	7	8	9	10	11	12
需求量(件)	635	620	622	666	715	789	872	894	928	980	1020	……

试分别用 3 个月移动平均数和 5 个月移动平均数，对该企业 2006 年 12 月这种商品的需求量进行一次移动平均预测。

6. 已知我国 1995～2006 年的能源消费总量资料如下表所示：

年份	1995	1996	1997	1998	1999	2000	2001	2002	2003	2004	2005	2006
能源消费总量(亿吨标准煤)	13.12	13.89	13.78	13.22	13.4	13.85	14.32	15.18	17.5	20.32	22.33	24.63

注：资料来源于《中国统计年鉴 2007》第 239 页，数据是通过单位换算并保留两位小数而得。

试用二次移动平均预测法和指数平滑法对我国 2007 年的能源消费总量进行预测。

7. 已知某省 2004～2006 年的某种食品销售额资料如下表所示。另据其他资料得到 2007 年该种食品的销售额将比 2006 年增长 10%，试用直接平均季节指数法对该省 2007 年度各季的这种食品销售额进行预测。

单位：万元

年份	2004	2005	2006
一季度	38	40	42
二季度	158	164	178
三季度	186	198	205
四季度	26	28	31

8. 经过调查得到某公司 2004～2006 年电冰箱销售量资料整理如下表所示，试用移动平均数季节指数法预测 2007 年各月份电冰箱销售量。

单位：台

月份		1	2	3	4	5	6	7	8	9	10	11	12
电冰箱销售量（台）	2004	10	12	16	30	72	118	98	89	60	20	13	9
	2005	11	13	20	28	88	130	103	115	70	26	12	10
	2006	13	16	20	32	93	144	116	112	76	26	14	12

试预测该公司 2007 年各月份电冰箱销售量。预测步骤：第一步，计算移动平均数；第二步，计算季节指数；第三步，运用直线趋势预测法建立直线趋势预测模型，并对该公司 2007 年各月的直线趋势预测值做出预测；第四步，采用季节预测模型对该公司 2007 年各月份电冰箱销售量进行预测。

参考答案

一、名词解释：（略）

二、填空题

1. 常数　　呈线性趋势

2. 最小平方法　　折扣最小平方法

3. 二阶

4. 一次比率

5. 皮尔增长曲线

6. 间距　时序值的和　参数

7. 平滑技术　逐项递移　平均数

8. 移动　下一期　滞后偏差

9. 线性趋势

10. 实际值　滞后

11. 没有明显

12. 具有

三、单项选择题

1. B　2. A　3. C　4. D　5. C　6. A　7. C　8. D

四、多项选择题

1. AB　2. ACD　3. AD　4. ABD　5. AC

五、简述题

1题答:长期趋势预测法是在遵循事物连续性原则的基础上,根据预测目标的历史和现有的时间序列资料呈现长期趋势变动轨迹的规律性,用数学方法找出拟合趋势变动轨迹的数学模型,并据此进行预测的方法。必须满足两个假设前提:一是决定预测目标过去发展的因素,在很大程度上仍将决定预测目标未来的发展;二是预测目标的发展过程一般是渐进变化,而不是跳跃式变化。

2题答:对时间 t 的取值方法有:(1)以零开始顺序编号,如包含 n 个观察值,则 t 的序号为0至($n-1$);(2)从零开始以自然顺序编号,如包含 n 个观察值,则 t 为1至 n;(3)为了简化计算,使 $\sum t=0$,当时间序列中数据点数目 n 为奇数,如 $n=7$,则取$-3,-2,-1,0,1,2,3$为序号;n 为偶数,如 $n=8$,则取$-7,-5,-3,-1,+1,+3,+5,+7$为序号。

3题答:(1)直线模型预测法仅适用于预测目标时间序列呈现直线长期趋势变动情况;(2)直线模型预测法系数 a 和 b 的计算,由于采用了最小平方法求得,对时间序列内各数据不论其远近都同等看待,拟合直线消除了季节、不规则、循环等三类变动因子的影响,反映了预测目标长期发展过程的平均变化趋势;(3)直线模型预测法应用于市场进行中、长期预测既简便又有一定的可靠性。

4 题答：三点法的基本思想是：在二次抛物线上选取三个代表点来求模型的三个系数估计值。这三点选择方法是：当时间序列的总项数 $n \geqslant 15$ 时，在序列的首尾两端和正中各取五项数据，求出三个加权平均数，权术由远及近分别用 1、2、3、4、5，这就加重了近期信息在平均数中的比重。这三个加权平均数就作为二次抛物线上三个点的纵坐标。如 $9 \leqslant n < 15$ 时，则在序列初、中、近期各取三项求出三个加权平均数，权数由远及近分别用 1、2、3。为了保持这三个点之间的距离相等，数列总项数应为奇数，如为偶数，可删去最早期的一项。

5 题答：最小平方法就是使误差平方和 $\sum (y_t - \hat{y}_t)^2$ 达到最小来估计参数 a、b 的方法。

6 题答：三和值法（又叫三段法）是将时序分成相等的三个间距，分别求出每一间距内各期时序值的和，然后，利用三个间距时序值的和计算参数的方法。它只能用来对参数进行粗略的估计，常用来确定具有三个参数的模型。

7 题答：皮尔曲线是 1938 年比利时数学家哈尔斯特（P·F verhulst）首先提出的一种特殊曲线。后来，近代生物学家皮尔（R·Pearl）和 L·J·Reed 两人把此曲线应用于研究人口生长规律。所以这种特殊的曲线称之为皮尔增长曲线，简称皮尔曲线。当经济变量的发展变化表现为初期增长速度缓慢，随后增长速度逐渐加快，达到一定程度后又逐渐减慢，最后达到饱和状态的趋势，即原时间序列倒数的一阶差分的环比为一个常数，可以用皮尔曲线来描述。因此，皮尔曲线的预测法是根据预测对象具有皮尔曲线变动趋势的历史数据，拟合成一条皮尔曲线，通过建立皮尔曲线模型进行预测的方法。

8 题答：移动平均预测法是平滑技术中的一种预测方法。它是在考察预测对象的历史数据条件下，采用逐项递移方法，计算一系列平均数（平滑值），把每期平均数作为下一期预测值的方法。它具有三个特征：(1)需要较多的历史数据，数据愈多预测值平滑效果愈显著；(2)处理上具有较大的灵活性；(3)这种方法一般适用于没有明显变化趋势的时间序列的短期预测。

9 题答：(1)要考虑需要处理的数据点多少。数据点多，样本观察值含有大量随机性。则当数据变化较小时，n 可取得大些；反之，n 可取得小些。(2)要注意观察对新数据适应程度的要求，n 取得小，对新数据反映灵敏，但反映过快，容易把意外情况错当趋势，反映过慢又缺乏适应性。(3)要考察数据点之间是否有周期波动。(4)要多凭借经验来确定 n 值的大小。如果凭经验判断不了，也可以采用若干不同的样本个数分别计算，然后与过去的实际统计数据进行对比，以多少个样本数据平均时进行预测误差较小，则选用预测误差最小的作为预测值。

10题答：一次移动平均预测法又叫简单移动平均预测法。它是一种最简单的时间序列预测法。是以时间序列为基础，通过计算各期移动平均数，并直接以本期（t 期）的移动平均值作为下期（$t+1$）预测值的方法。其基本思想是：在所观察的预测目标时间序列中，令所选取一组数据的个数固定不变，而观察期却“连续移动”，随着预测期向前移，每组数据的观察期也向前移动。同时，每向前移动一期，就去掉数据组中原来最前面的那个数据，并新增一个紧接原来观察期之后一期的那个数据，以保持数据组数据个数的固定性。然后，根据各组数据求得算术平均数作为预测值。这种方法适用于预测对象既无长期增加（下降）趋势亦无周期性变动的时间序列预测。

11题答：(1)历史数据的分布应具有直线趋势；(2)计算 $M_t^{(1)}$ 和 $M_t^{(2)}$ 时，移动平均的项数应取同一数字；(3) $M_t^{(2)}$ 不能直接用来预测，只能与一次移动平均预测法配合，并通过求得平滑系数 a_t 和 b_t 值，建立移动平均预测模型，才能用其模型进行预测。从而达到克服一次移动平均预测法的预测值滞后现象。

12题答：(1)对离预测期最近的市场现象观察值，给予最大的权数，而对离预测期渐远的观察值给予递减的权数。使市场预测值能够在不完全忽视远期观察值影响的情况下，又能敏感地反映市场现象变化，减小了市场预测误差。(2)对于同一市场现象连续计算其指数平滑值，对较早期的市场现象观察值不是一概不考虑，而是给予递减的权数。市场现象观察值对预测值的影响，由近向远按等比级数减小，其级数首项是 α，公比为 $1-\alpha$。(3)指数平滑法中的 α 值，是一个可调节的权数值，它是一个 $0<\alpha<1$ 的值。预测者可以通过调整 α 的大小，来调节近期观察值和远期观察值对预测值的不同影响程度。(4)当实际观察数目很大时，指数平滑法所使用的权数之和接近于1。

当我们比较依赖近期的信息进行预测时，可以取较大的 α 值，而当以往的影响比较大时，可以取较小的 α 值。在实际应用中，如果原数列波动不大时，α 宜取小值（0.1—0.3），这样可以使各期观察值的权数由近及远缓慢地变小；如果原数列波动较大时，α 宜取大值（0.6—0.8），这样可以加重近期观测值的权数，使各期观察值的权数由近及远较快地变小。在不易判断时，可分别选用不同的 α 值试算，比较他们的预测误差，然后选择预测误差较小的 α 值。

13题答：(1)收集历年（一般在三年以上）各月或各季的统计资料（观察值）；(2)计算各年同月或同季观察值的平均值 A_t；(3)计算历年所有月份或季度的总平均值 B；(4)根据公式 $S_t=\dfrac{A_t}{B}$，计算各年同月或同季的季节指数，如果各年同月或同季的季节指数之和不等于4(或400%)或12(或1200%),则要用调整系数 $k=4\div$(各季度指数平均数之和),进行调整,即调整后的季节指数 $\hat{S}_t=S_t\times k$;(5)根据未来年度的没有考虑季节影响的各月度或各季度的平均预测值 $\hat{X}$,在用 $\hat{X}$ 乘以相应的季节指数,即得到未来年度内各月或各季含季节变动的预测值 $\hat{X}_t$,其公式为: $\hat{X}_t=\hat{X} * S_t$或 $\hat{X}_t=\hat{X}\times\hat{S}_t$。

14题答:第一步,根据时间序列的时间单位选择跨越期;第二步,对第四栏的移动平均数时间序列再进行中心化,其目的是使移动后的平均值与原时间序列的时间周期一致;第三步,将原时间序列除以中心化移动平均数序列,就可以得到一个新的时间序列,这个时间序列仅包含季节变动因子和不规则变动(SI);第四步,计算各年同季度的季节指数;第五步,对季节指数平均值进行调整,确定季节指数。第六步,计算趋势变动值;第七步,根据趋势变动值,考虑季节指数,便可进行预测。

15题答:指数平滑预测方法是美国经济学家罗伯特·G·布朗于1959年在他的《数据库管理的统计预测》一书中首先提出来的。该方法是一种特殊的加权移动平均法。

六、计算题

1题解:根据所给数据资料计算的各项如下表所示:

表10-1 该市商品销售额直线模型预测计算表 单位:亿元

年份	t	Y_t	tY_t	t^2	$\hat{Y}_t$	$Y_t-\hat{Y}_t$	$(Y_t-\hat{Y}_t)^2$
1998	−7	10	−70	49	10.02	−0.02497	0.000623
1999	−5	11.9	−59.5	25	11.34	0.558365	0.311771
2000	−3	12.5	−37.5	9	12.66	−0.1583	0.025059
2001	−1	13.5	−13.5	1	13.97	−0.47497	0.225594
2002	0	14.7	0	0	14.63	0.0667	0.004449
2003	1	15	15	1	15.29	−0.29163	0.08505
2004	3	16.7	50.1	9	16.61	0.091701	0.008409
2005	5	17.9	89.5	25	17.92	−0.02497	0.000623
2006	7	19.5	136.5	49	19.24	0.258369	0.066755
合计	0	131.7	110.6	168		0.0003	0.728333

$$a=\frac{131.7}{9}=14.6$$

$$b=\frac{110.6}{168}=0.6583$$

所以,直线模型为:

$$\hat{Y}_t=14.6+0.6583t$$

用 t=9 代入模型预测,即可预测得到 2007 年该市商品销售额为:

$$\hat{Y}_t=14.6+0.6583\times 9=20.5247(\text{亿元})$$

2 题解:根据所给数据资料计算的各项如下表所示:

根据上表资料计算可得:

$$R=\frac{12+16+12}{6}=6.6667$$

$$S=\frac{2+6+12}{6}=3.3333$$

$$T=\frac{8+20+39}{6}=11.1667$$

表 10-2 二次曲线模型预测计算表 单位:百万元

年份	年次 t	t^2	Y_t	权数 w	wY_t	$\hat{Y}_t$	$(Y_t-\hat{Y}_t)^2$
1998	1	1	12	1	12	11.733	0.071396
1999	2	4	8	2	16	7.7264	0.074857
2000	3	9	4	3	12	4.9608	0.923137
2001	4	16	2	1	2	3.436	2.062096
2002	5	25	3	2	6	3.152	0.023104
2003	6	36	4	3	12	4.1088	0.011837
2004	7	49	8	1	8	6.3064	2.868281
2005	8	56	10	2	20	9.7448	0.065127
2006	9	81	13	3	39	14.424	2.027776

$$\hat{c}=\frac{2(6.6667+11.1667-2\times 3.3333)}{(9-3)^2}=0.6204$$

$$\hat{b}=\frac{11.1667-6.6667}{9-3}-\frac{3\times 9+5}{3}\times 0.6204=-5.8676$$

$$\hat{a}=6.6667-\frac{7}{3}\times(-5.8676)-\frac{49}{9}\times0.6204=16.98$$

所求的二次曲线模型为：

$$\hat{y}_t=16.98-5.8676t+0.6204t^2$$

用 $t=10$ 代入模型进行预测，可得该公司 2007 年建筑材料销售额预测值为：

$$\hat{y}_{2007}=16.98-5.8676\times10+0.6204\times10^2=20.344(\text{百万})$$

3 题解：根据所给数据资料计算的各项如下表所示：

表 10－3　二次曲线模型预测计算表　　　　单位：万吨

年份	年次 t	Y_t	权数 W	wY_t	$\hat{Y}_t$
1994	1	130	1	130	131.46
1995	2	148	2	296	146.8
1996	3	165	3	495	169.29
1997	4	191	0	0	198.93
1998	5	213	0	0	235.73
1999	6	237	1	237	279.68
2000	7	280	2	560	330.79
2001	8	341	3	1023	389.05
2002	9	375	0	0	454.46
2003	10	471	0	0	527.02
2004	11	510	1	510	606.74
2005	12	600	2	1200	693.61
2006	13	694	3	2082	787.64

根据上表资料计算可得：

$$R=\frac{130+296+495}{6}=153.5$$

$$S=\frac{237+560+1023}{6}=303.33$$

$$T=\frac{510+1200+2082}{6}=632$$

$$\hat{c}=\frac{2(153.5+632-2\times303.33)}{(13-3)^2}=3.5767$$

$$\hat{b}=\frac{632-153.5}{13-3}-\frac{3\times13+5}{3}\times3.5767=-4.6078$$

$$\hat{a}=153.5+\frac{7}{3}\times 4.6078-\frac{49}{9}\times 3.5767=123.2754$$

于是，所求的二次曲线模型为：

$$\hat{y}_t=123.2754-4.6078t+3.5767t^2$$

用 $t=14$ 代入模型进行预测，可得该厂 2007 年的钢材产量的预测值为：

$Y_{2007}=123.2754+4.6078\times 14+305767\times 14^2=888.8178$ (万吨)

4 题解：通过观察其散点图，该省人口发展规律较符合指数函数特征，于是采用指数曲线预测其模型。

表 10－4 指数曲线模型计算表 单位：万人

年份	年次 t	人口数	环比发展速度(%)	$\lg Y_t$	t^2	$t\lg Y_t$	$\hat{Y}_t$	$Y_t-\hat{Y}_t$
1989	－17	3232		3.50947	289	－59.661	3199.561	32.43873
1990	－15	3181	98.42	3.50256	225	－52.5385	3286.533	－105.533
1991	－13	3286	103.3	3.51667	169	－45.7167	3375.868	－89.8679
1992	－11	3407	103.68	3.53237	121	－38.8561	3467.632	－60.6316
1993	－9	3523	103.4	3.54691	81	－31.9222	3561.89	－38.8896
1994	－7	3641	103.35	3.56122	49	－24.9285	3658.71	－17.7098
1995	－5	3762	103.32	3.57542	25	－17.8771	3758.162	3.838258
1996	－3	3940	104.73	3.5955	9	－10.7865	3860.317	79.68297
1997	－1	4073	103.38	3.60991	1	－3.60991	3965.249	107.7509
1998	1	4199	103.09	3.62315	1	3.623146	4073.034	125.9665
1999	3	4317	102.81	3.63518	9	10.90555	4183.748	133.2523
2000	5	4409	102.13	3.64434	25	18.2217	4297.471	111.5286
2001	7	4492	101.88	3.65244	49	25.56708	4414.286	77.71363
2002	9	4558	101.47	3.65877	81	32.92897	4534.277	23.7234
2003	11	4628	101.54	3.66539	121	40.31933	4657.528	－29.5284
2004	13	4713	101.84	3.6733	169	47.75287	4784.131	－71.1305
2005	15	4803	101.91	3.68151	225	55.22269	4914.174	－111.174
2006	17	4893	101.87	3.68958	289	62.72278	5047.752	－154.752
合计	0	—	—	64.8737	1938	11.36761	—	—

根据上表计算可得：

$$\lg a=\frac{64.8737}{18}=3.604$$

$$\lg b=\frac{11.3676}{1938}=0.005866$$

求反对数，得：

$$\hat{a}=4018.78$$
$$\hat{b}=1.0135$$

所求指数曲线预测模型为：

$$\hat{Y}_t=4018.78\times(1.0135)^t$$

将 $t=18,19,20,21,22$ 分别代入预测模型，可得 2007－2011 年该省人口数的预测值为：

$\hat{Y}_{2007}=4018.78\times(1.0135)^{18}=5115.897$(万人)

$\hat{Y}_{2008}=4018.78\times(1.0135)^{19}=5184.962$(万人)

$\hat{Y}_{2009}=4018.78\times(1.0135)^{20}=5254.959$(万人)

$\hat{Y}_{2010}=4018.78\times(1.0135)^{21}=5325.9$(万人)

$\hat{Y}_{2011}=4018.78\times(1.0135)^{22}=5397.8$(万人)

5 题解：用 3 个月移动平均数和 5 个月移动平均数分别对该企业的商品需求量进行预测如下：

表 10－5　移动平均数预测计算表　　单位：件

月份	序号	需求量	$n=3$			$n=5$		
			M_t	$\hat{Y}_{t+1}$	$(Y_t-\hat{Y}_t)^2$	M_t	$\hat{Y}_{t+1}$	$(Y_t-\hat{Y}_t)^2$
1	1	635						
2	2	620	—	—	—	—	—	—
3	3	622	625.667	—	—	—	—	—
4	4	666	636	625.667	1627	—	—	—
5	5	715	667.667	636	6241	651.6	—	—
6	6	789	723.333	667.667	14722	682.4	651.6	18878.8
7	7	872	792	723.333	22102	732.8	682.4	35948.2
8	8	894	851.667	792	10404	787.2	732.8	25985.4
9	9	928	898	851.667	5827	839.6	787.2	19824.6
10	10	980	934	898	6724	892.6	839.6	19712.2
11	11	1020	976	934	7396	938.8	892.6	16230.8
12	12	—	—	976	—	—	939.8	—
MSE	—	—	—	—	75042	—	—	136580

由表 10—5 可以得：

当 $n=3$ 时，12 月份商品需求量的预测值为 976 件，拟合效果如图表所示。

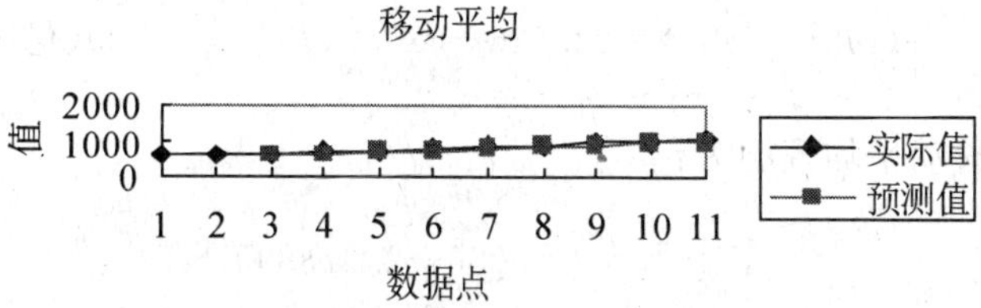

当 $n=5$ 时，12 月份商品需求量的预测值为 940 件，拟合效果如图表所示。

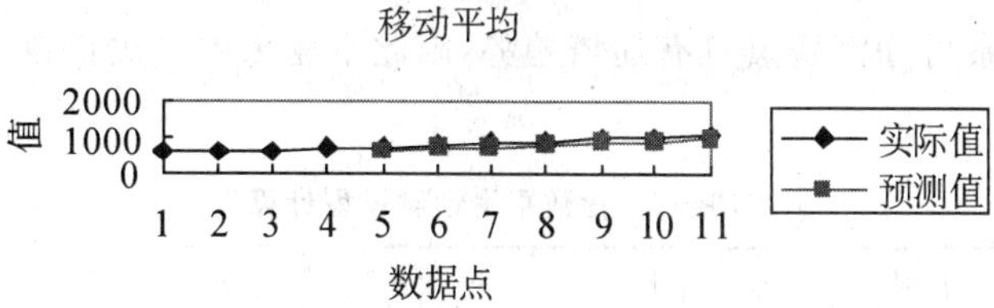

从表 10—5 中可以看到，n 值不同，各期的预测值也不同，预测误差也不同。计算结果表明，取 $n=3$ 时预测误差较小，因此，应选 $n=3$ 时的移动平均值作为预测值，12 月份的商品需求量的预测值为 976 件。

6 题解：用二次移动平均法对我国 2007 年的能源消费总量预测如下：

表 10—6 二次移动平均预测模型计算表 单位：亿吨标准煤

年份	年次 t	消费量	$M_t^{(1)}$	$M_t^{(2)}$	a_t	b_t	$\hat{Y}_{t+1}$	$(Y_t-\hat{Y}_t)^2$
1995	1	13.12	—	—	—	—	—	—
1996	2	13.89	—	—	—	—	—	—
1997	3	13.78	13.5967	—	—	—	—	—
1998	4	13.22	13.63	—	—	—	—	—
1999	5	13.4	13.4667	13.5644	13.37	−0.0978	—	—
2000	6	13.85	13.49	13.5289	13.45	−0.0389	13.2711	0.33511
2001	7	14.32	13.8567	13.6044	14.11	0.25222	13.4122	0.82406
2002	8	15.18	14.45	13.9322	14.97	0.51778	14.3611	0.67058
2003	9	17.5	15.6667	14.6578	16.68	1.00889	15.4856	4.05799
2004	10	20.32	17.6667	15.9278	19.41	1.73889	17.6844	6.94615
2005	11	22.33	20.05	17.7944	22.31	2.25556	21.1444	1.40554
2006	12	24.63	22.4267	20.0478	24.81	2.37889	24.5611	0.00475
MSE	—	—	—	—	—	—	—	14.2442

根据上表计算可得：

$$a_{2006}=2M_t^{(1)}-M_t^{(2)}=2\times 22.4267-20.0478=24.8056(\text{亿吨标准煤})$$

$$b_{2006}=\frac{2}{n-1}(M_t^{(1)}-M_t^{(2)})=22.4267-20.0478=2.37889(\text{亿吨标准煤})$$

则二次移动平均模型为：

$$\hat{Y}_{2006+T}=24.8056+2.37889T$$

将 $T=1$ 代入上述模型，则有 2007 年我国能源消费总量预测值为 27.1844 亿吨标准煤。

通过观察可知消费量具有递增趋势，因此本题采用二次指数平滑法，平滑系数为 0.3。

表 10－7　指数平滑预测模型计算表　　　　单位：亿吨标准煤

年份	年次 t	消费量	$S_t^{(1)}$	$S_t^{(2)}$	a_t	b_t	$\hat{Y}_{t+1}$	$(Y_t-\hat{Y}_t)^2$
—	0	—	13.12	13.12	—	—	—	—
1995	1	13.12	13.12	13.12	13.12	0	—	—
1996	2	13.89	13.351	13.1893	13.51	0.0693	13.12	0.5929
1997	3	13.78	13.4797	13.2764	13.68	0.08712	13.582	0.0392
1998	4	13.22	13.4018	13.314	13.49	0.03761	13.7701	0.30261
1999	5	13.4	13.4013	13.3402	13.46	0.02617	13.5272	0.01617
2000	6	13.85	13.5359	13.3989	13.67	0.0587	13.4885	0.1307
2001	7	14.32	13.7711	13.5106	14.03	0.11166	13.7316	0.34627
2002	8	15.18	14.1938	13.7155	14.67	0.20496	14.1433	1.07469
2003	9	17.5	15.1856	14.1566	16.21	0.44103	14.877	6.88016
2004	10	20.32	16.726	14.9274	18.52	0.77082	16.6558	13.4266
2005	11	22.33	18.4072	15.9713	20.84	1.04394	19.2953	9.20916
2006	12	24.63	20.274	17.2621	23.29	1.29081	21,887	7.52431
MSE	—	—	—	—	—	—	—	39.5428

根据上表计算可得：

$$a_{2006}=2S_{2006}^{(1)}-S_{2006}^{(2)}=2\times 20.274-17.2621=23.2859$$

$$b_{2006}=\frac{\alpha}{1-\alpha}[S_{2006}^{(1)}-S_{2006}^{(2)}]=\frac{0.3}{0.7}\times(20.274-17.2621)=1.29081$$

于是得 $t=2006$ 式得直线趋势方程为：

$$\hat{Y}_{2006+T}=23.2859+1.29081T$$

将 $T=1$ 代入上述方程得 2007 年我国能源消费总量预测值为 24.5767 亿吨标准煤。

采用不同的预测方法，预测的结果不同。由二次移动平均法得出的 2007 年我国能源消费总量预测值为 27.1844 亿吨标准煤，由指数平滑法得出的 2007 年我国能源消费总量预测值为 24.5767 亿吨标准煤。相比之下，前者误差较小，预测结果较为精确。

7 题解：用直接平均季节指数法预测结果如下：

表 10－8 直接平均季节指数法预测计算表 单位：万元

季度 t	年份/销售额			A_t	S_t	季节指数调整值 $S'_t=S_t\times\frac{4}{4.000124}$	2007 年各季预测值 $\hat{X}_t=\hat{X}\times\hat{S}_t$
	2004	2005	2006				
1	38	40	42	40	0.37095	0.370942781	46.51622
2	158	164	178	166.67	1.54564	1.545594919	193.8176
3	186	198	205	196.33	1.82077	1.820710815	228.3171
4	26	28	31	28.333	0.26276	0.262751136	32.94899
$\sum$	408	430	456	431.33	4.00012	3.999999651	501.6
历年季度总平均值 B				107.83	—	—	—

由题可得：2007 年各季度平均预测值为：

$$\hat{X}_{2007}=\frac{1}{4}\times456\times(1+0.1)=125.4(万元)$$

所以 2007 年各季度的预测值按公式 $\hat{X}_t=\hat{X}\times\hat{S}_t$ 计算得到，预测值均在表 10－8 中列出，如 2007 年第一季度销售额预测值为：

$$\hat{X}_{2007}=125.4\times0.37094=46.516(万元)$$

8 题解：根据题中所给数据可得如下计算表。

表 10－9　季节指数和直线模型预测计算表　　单位:台

年份	月份	Y_t	N=12 移动平均数	中心化移动平均数	各年月季节指数	月次 t	tY_t	t^2
2004	1	10				－35	－350	1225
	2	12				－33	－396	1089
	3	16				－31	－496	961
	4	30				－29	－870	841
	5	72				－27	－1944	729
	6	118				－25	－2950	625
	7	98	45.58333	45.625	2.147945	－23	－2254	529
	8	89	45.66667	45.708333	1.947129	－21	－1869	441
	9	60	45.75	45.916667	1.306715	－19	－1140	361
	10	20	46.08333	46	0.434783	－17	－340	289
	11	13	45.91667	46.583333	0.27907	－15	－195	225
	12	9	47.25	47.75	0.188482	－13	－117	169
2005	1	11	48.25	48.458333	0.226999	－11	－121	121
	2	13	48.66667	49.75	0.261307	－9	－117	81
	3	20	50.83333	51.291667	0.389927	－7	－140	49
	4	28	51.75	52	0.538462	－5	－140	25
	5	88	52.25	52.208333	1.685555	－3	－264	9
	6	130	52.16667	52.208333	2.490024	－1	－130	1
	7	103	52.25	52.333333	1.968153	1	103	1
	8	115	52.41667	52.541667	2.188739	3	345	9
	9	71	52.66667	52.666667	1.348101	5	355	25
	10	26	52.66667	52.833333	0.492114	7	182	49
	11	12	53	53.208333	0.225529	9	108	81
	12	10	53.41667	54	0.185185	11	110	121

续表

年份	月份	Y_t	$N=12$ 移动平均数	中心化移动平均数	各年月季节指数	月次 t	tY_t	t^2
2006	1	13	54.58333	55.125	0.235828	13	169	169
	2	16	55.66667	55.541667	0.288072	15	240	225
	3	20	55.41667	55.625	0.359551	17	340	289
	4	32	55.83333	55.833333	0.573134	19	608	361
	5	93	55.83333	55.916667	1.663189	21	1953	441
	6	144	56	56.083333	2.567608	23	3312	529
	7	116	56.16667	132.625	0.874647	25	2900	625
	8	112	209.0833	217.85985	0.514092	27	3024	729
	9	76	226.6364	236.96818	0.320718	29	2204	841
	10	26	247.3	259.26111	0.100285	31	806	961
	11	14	271.2222	282.36111	0.049582	33	462	1089
	12	12	293.5	—	—	35	420	1225
合计	—	1848	—	—	—	—	3808	15540

由表 10－9 计算结果代入公式得：

$$a=\frac{\sum Y_t}{n}=\frac{1848}{36}=51.333$$

$$b=\frac{\sum tY_t}{t^2}=\frac{3808}{15540}=0.245$$

则有直线模型为：

$$Y_t=51.333+0.245t$$

根据上表的各年同月季节指数，求各年同月份的季节指数如下表所示：

将 2007 年各月份的次序值分别代入上述直线模型，所得结果如表 10－10 中 2007 年各月趋势值一列所示，然后再乘以各月份的季节指数调整值，得出 2007 年各月份的预测值。

表 10－10 平均季节指数计算表及预测结果表 单位：台

月份	2004	2005	2006	同季度季节指数平均值	季节指数调整值	2007 年各月次	2007 年各月趋势值	2007 年各月预测值
1		0.227	0.2358	0.2314	0.264167	37	60.398	15.95516
2		0.2613	0.2881	0.2747	0.313598	39	60.888	19.09439
3		0.3899	0.3596	0.37475	0.427816	41	61.378	26.25849
4		0.5385	0.5731	0.5558	0.634503	43	61.868	39.25545
5		1.6856	1.6632	1.6744	1.911501	45	62.358	119.1974
6		2.49	2.5676	2.5288	2.886887	47	62.848	181.4351
7	2.1479	1.9682	0.8746	1.663567	1.899134	49	63.338	120.2873
8	1.8471	2.1887	0.5141	1.516633	1.731394	51	63.828	110.5114
9	1.3067	1.3481	0.3207	0.991833	1.13228	53	64.818	73.39215
10	0.4348	0.4921	0.0751	0.334	0.381296	55	64.808	24.711
11	0.2791	0.2255	0.0318	0.1788	0.204119	57	65.298	13.32854
12	0.1885	0.1852	—	0.18685	0.213309	59	65.788	14.03315
合计	—	—	—	10.51153	12	—	—	—

第十一章

回归市场预测法

指点迷津

一、学习目的与要求

通过本章学习，掌握一元回归预测法、二元回归预测法的涵义、基本思路、适用对象和预测步骤，掌握非线性回归预测法的涵义、种类及“变量代换，化曲为直”法的基本思想，并能运用这些方法进行市场预测。

二、本章重点

1. 回归预测法的概念和特点。
2. 回归预测法与时间序列预测法的区别与联系。
3. 回归预测法与相关分析法的异同。
4. 回归预测法的预测步骤。
5. 一元线性回归预测法的 EXCEL 软件处理技术。
6. 二元线性回归预测法的各种检验。
7. 二元线性回归预测法的 EXCEL 软件处理技术。
8. 非线性回归预测法的涵义与种类。
9. 非线性回归预测法的“变量代换，化曲为直”法。

三、本章难点

1. 回归预测法与时间序列预测法的区别与联系。
2. 回归预测法与相关分析法的异同。

3. 一元线性回归预测法的检验。
4. 二元线性回归预测法的各种检验。
5. 非线性回归预测法的“变量代换，化曲为直”法。

脉络框架

- 回归预测法
  - 回归预测法概述
    - 概念和特点
    - 种类
      - 自变量的多少分为一元和多元回归预测模型
      - 是否带虚拟变量分为普通和带虚拟变量回归预测模型
      - 是否线性分为线性和非线性回归预测模型
    - 应用条件
      - 因变量与自变量之间必须存在相关关系
      - 因变量与自变量之间必须是高度相关
      - 自变量的预测值必须是精确的，是比较容易取得的
    - 预测步骤
      - 确立市场预测目标，选择影响预测目标的自变量和因变量
      - 进行相关分析
      - 建立回归预测模型
      - 回归预测模型的检验
      - 进行实际预测
  - 线性回归预测法
    - 一元线性回归预测法
      - 基本原理
      - 预测模型：$y_t = a + b x_t + e$
      - 案例及其 EXCEL 软件处理
    - 多元线性回归预测法
      - 基本原理
      - 预测模型：$y = a + b_1 x_1 + b_2 x_2 + b_3 x_3 + \cdots + b_k x_k$
      - 二元线性回归预测模型：$y = a + b_1 x_1 + b_2 x_2 + e$
  - 非线性回归预测法
    - 涵义和种类
    - “变量代换，化曲为直”法
  - 其他预测方法
    - 马尔可夫预测法
    - 灰色系统预测法
    - 神经网络预测法

回归预测法对比表

种类	适用条件	预测模型	系数估计公式(化曲为直公式)	模型检验
一元线性回归预测法	两个变量的数据分布有近似的线性关系	$y_t=a+bx_t+e$	$r=\dfrac{\sum(x_i-\bar{x})(y_i-\bar{y})}{\sqrt{\sum(x_i-\bar{x})^2\sum(y_i-\bar{y})^2}}$ $\begin{cases}b=\dfrac{n\sum x_iy_i-\sum y_i\sum x_i}{n\sum x_i^2-(\sum x_i)^2}\\a=\dfrac{\sum y_i-b\sum x_i}{n}\end{cases}$	参数估计值的标准误差检验和 t 检验
二元线性回归预测法	两个自变量与因变量之间呈线性关系	$y=a+b_1x_1+b_2x_2+e$	$\begin{cases}b_1=\dfrac{\sum x_1y\cdot\sum x_2^2-\sum x_2y\cdot\sum x_1x_2}{\sum x_1^2\cdot\sum x_2^2-(\sum x_1x_2)^2}\\b_2=\dfrac{\sum x_2y\cdot\sum x_1^2-\sum x_1y\cdot\sum x_1x_2}{\sum x_1^2\cdot\sum x_2^2-(\sum x_1x_2)^2}\\a=\bar{y}-b_1\bar{x}_1-b_2\bar{x}_2\end{cases}$	经济意义检验、相关系数检验、t 检验、F 检验和 DW 检验
对数曲线预测法		$y=a+b\lg x$	令：$t=\lg x$ 则：$y=a+bt$	
双曲线预测法		$\dfrac{1}{y}=a+\dfrac{b}{x}$	令：$u=\dfrac{1}{y}$ $v=\dfrac{1}{x}$ 则：$u=a+bv$	
幂曲线预测法		$y=ax^b$	两边取对数,得：$\lg y=\lg a+b\lg x$ 令：$u=\lg y$ $v=\lg x$ $A=\lg a$ 则：$u=A+bv$	
指数曲线预测法		$y=ae^{bx}$	两边取对数,得：$\lg y=\lg a+bx\lg e$ 令：$Z=\lg y$ $A=\lg a$ $B=b\lg e$ 则：$Z=A+Bx$	
二次多项式曲线预测法		$y=a+b_1x+b_2x^2$	令：$z_1=x, z_2=x^2$ 则：$y=a+b_1z_1+b_2z_2$	

习题练兵

一、名词解释

1. 回归预测法　2. 相关分析　3. 一元线性回归预测法
4. 二元线性回归预测法　5. 多元线性回归预测法　6. 非线性回归预测法
7. 二次多项式预测法　8. 马尔可夫预测法　9. 灰色系统预测法
10. 神经网络预测法

二、填空题

1. 回归是研究______与______之间的关系形式的分析方法，目的在于根据已知的自变量来估计和预测因变量的______。

2. 一元线性回归预测法是指将一个______依另一（且仅一个）______变化看成线性关系，并通过统计数据来定量分析自变量变化而导致作为预测值的因变量的变化。

3. 相关系数 r 的______越接近 1，两个变量之间的______程度就越高。

4. 经济意义检验是指凭借一般______，就可以从______本身鉴别模型的真实性。

5. 相关系数检验是指检验变量间______密切程度的一种检验。

6. 把自变量作为整体来检验对因变量影响是否显著的检验是______。

7. DW 检验，又叫杜宾——瓦特森检验或______检验。是用来检验变量______之间是否有相互关系。

8. 非线性方程的求法，一般是利用______，使之变成______形式，再用线性回归法进行预测。

三、单项选择题

1. 相关系数值的取值范围为（　）。

A. $0<r<1$　　B. $-1<r<1$

C. $-1<r<0$　　D. $-1\leqslant r\leqslant 1$

2. 回归标准误差的公式为（　）。

A. $S=\sqrt{\dfrac{\sum(y_i-\hat{y}_i)^2}{n-k}}$　　B. $S=\sqrt{\dfrac{\sum(y_i-\hat{y}_i)^2}{n-1}}$

C. $S=\sqrt{\dfrac{\sum(y_i-\bar{y}_i)^2}{n-k}}$　　D. $S=\sqrt{\dfrac{\sum(y_i-\hat{y}_i)^2}{n}}$

3. 对某个自变量对因变量显著性的检验是（　）。

A. t 检验　　B. F 检验

C. DW 检验　　D. 卡方检验

4. 当 $4-d_l<DW<4$ 或 $0<DW<d_l$ 时，可判断为（　）。

A. 有序列相关　　B. 无序列相关

C. 有异方差　　D. 无异方差

5. 当 $d_u < DW < 4-d_u$ 时，可判断为（ ）。

A. 有序列相关　　B. 无序列相关

C. 有异方差　　D. 无异方差

6. 当 $4-d_u < DW < 4-d_l$ 或 $d_l < DW < d_u$ 时，可判断为（ ）。

A. 有序列相关　　B. 无序列相关

C. 有异方差　　D. 无结论

四、多项选择题

1. 按照回归预测模型中自变量的多少，回归预测模型可分为（ ）。

A. 一元回归预测模型　　B. 二元回归预测模型

C. 多元回归预测模型　　D. 多元线性回归预测模型

2. 按照回归预测模型是否线性，回归预测模型可分为（ ）。

A. 线性回归预测模型　　B. 一元线性回归预测模型

C. 多元线性回归预测模型　　D. 非线性回归预测模型

3. 按照回归模型是否带虚拟变量，回归预测模型可分为（ ）。

A. 普通回归预测模型　　B. 带虚拟变量回归预测模型

C. 多元回归预测模型　　D. 多元线性回归预测模型

4. 线性相关系数的计算公式有（ ）。

A. $r=\dfrac{\sum (x_i-\bar{x})\bar{y}}{\sqrt{\sum (x_i-\bar{x})^2\sum (y_i-\bar{y})^2}}$

B. $r=\dfrac{n\sum x_iy_i-(\sum x_i)(\sum y_i)}{\sqrt{[n\sum x_i^2-(\sum x_i)^2[n\sum y_i^2-(\sum y_i)^2]}}$

C. $r=\dfrac{\sum (x_i-\bar{x})(y_i-\bar{y})}{\sqrt{\sum (x_i-\bar{x})^2(y_i-\bar{y})^2}}$

D. $r=\dfrac{\sum x_iy_i-(\sum x_i)(\sum y_i)}{\sqrt{[n\sum x_i^2-(\sum x_i)^2[n\sum y_i^2-(\sum y_i)^2]}}$

5. 二元线性回归预测法的检验有（ ）。

A. 经济意义检验　　B. F 检验

C. t 检验　　D. DW 检验

6. 下列属于非线性回归预测法的有（ ）。

A. 对数曲线预测　　B. 皮尔曲线预测

C. 多项式曲线预测　　　　D. 指数曲线预测

五、简述题

1. 简述回归预测法与相关分析法的异同。
2. 简述回归预测法的应用条件。
3. 简述回归预测法的预测步骤。
4. 回归预测法与时间序列预测法的区别与联系。
5. 简述相关系数的性质及意义。
6. 简述非线性回归预测法的涵义，并举例说明其重要作用。
7. 简述马尔可夫预测法的概念。
8. 简述灰色系统预测法的基本思想。
9. 简述神经网络预测法的应用领域。

六、计算题

1. 如随机抽取10个学生的数学成绩与统计学成绩资料如下表所示，试建立一元线性回归预测模型，并预测当某学生的数学成绩为95分时，统计学成绩应为多少分。

学生序号	1	2	3	4	5	6	7	8	9	10
数学成绩(分)	65	73	76	68	89	72	80	82	86	88
统计学成绩(分)	68	75	72	66	94	86	85	79	92	86

2. 对某地区1998～2006年的个人消费支出与个人收入进行调查，得到如下表所示资料，试建立一元线性回归预测模型，并预测当该地区2007年的个人收入为250亿元时，该地区2007年的个人消费支出的置信区间(概率为95%)。

年份	个人收入(亿元)	消费支出(亿元)
1998	74	58
1999	86	68
2000	104	82
2001	126	110
2002	142	116

续表

年份	个人收入(亿元)	消费支出(亿元)
2003	168	132
2004	198	156
2005	222	172
2006	226	192

3. 已知四川省 1997～2006 年各年的地区生产总值环比增长率和地方财政收入环比增长率如下表所示，试建立一元线性回归模型，并预测当 2007 年四川省地区生产总值增长率为 14.6%时，其财政收入的增长率。

四川省 1997～2006 年地区生产总值与地方财政收入资料表

年份	1997	1998	1999	2000	2001	2002	2003	2004	2005	2006
地方财政收入增长率(%)	12.2	14.1	7.19	10.6	15.9	7.65	15.3	14.6	24.3	26.7
地区生产总值增长率(%)	10.5	9.67	6.63	8.46	8.98	10.3	11.3	12.7	12.6	13.3

注：资料来源于《四川统计年鉴 2007》，数据通过一定换算得到。

4. 已知四川省 1998～2006 年工业总产值、工业增加值和流动资产余额如下表所示，试建立二元线性回归模型，并设 2007 年四川省工业总产值为 3866 亿元，流动资产余额为 2300 亿元时，预测 2007 年四川省的工业增加值。

四川省 1998～2006 年工业资料表 单位：亿元

年份	1998	1999	2000	2001	2002	2003	2004	2005	2006
工业增加值	406.38	427.01	405.36	500.6	562.13	591.99	780.22	902.99	1133.2
工业总产值	1255.9	1200.7	1249.6	1338	1466.77	1609.8	1915.9	2488.5	3126.3
流动资产余额	1266.4	1307.6	1275.3	1246	1364.39	1395.6	1302.2	1609.6	1845.5

注：资料来自《四川统计年鉴 2007》

5. 已知某电器公司前 5 年的利润与甲产品的年生产量和甲产品的促销费用有关，现将有关资料整理见下表所示，试建立二元线性回归预测模型，并设下年度该公司甲产品的生产量为 3.4 万件，促销费为 10.8 万元时。预测该公司下年度利润为多少万元。

年份	1	2	3	4	5
利润(万元)	26	25	28	29	32
甲产品产量(万件)	2.9	2.6	2.8	3	3.2
甲产品促销费(千元)	8.4	8.6	9.3	10.2	10.4

6. 西部地区某省年消费基金、国民收入使用额和平均人口数资料如下表所示,试配合适当的回归模型并进行各种检验。若该省 2010 年国民收入使用额为 670 亿元,平均人口数为 5800 万人,当显著性水平为 5%时,试估计 2010 年消费基金的预测区间。

年份	消费基金(十亿元)	国民收入使用额(十亿元)	平均人口数(十亿元)
1995	9.0	12.1	48.2
1996	9.5	12.9	48.9
1997	10.0	13.8	49.54
1998	10.6	14.8	50.25
1999	12.4	16.4	51.02
2000	16.2	20.9	51.84
2001	17.7	24.2	52.76
2002	20.1	28.1	53.69
2003	21.8	30.1	54.55
2004	25.3	35.8	55.35
2005	31.3	48.5	56.16
2006	36.0	54.8	56.98

参考答案

一、名词解释:(略)

二、填空题

1. 自变量　　因变量　　总平均值

2. 因变量　　自变量

3. 绝对值　　线性相关
4. 经济规律　　系数符号
5. 线性关系
6. F 检验
7. 序列相关　　前后期
8. 变量代换法　　线性函数

三、单项选择题

1. B　2. A　3. A　4. A　5. B　6. D

四、多项选择题

1. AC　2. AD　3. AB　4. BC　5. ABCD　6. ABCD

五、简述题

1 题答：回归预测法与相关分析法都是研究及测度两个或两个以上变量之间关系的方法。相关分析法是研究两个或两个以上随机变量之间相互依存关系的紧密程度。回归预测法是研究某一随机变量（因变量）与其他一个或几个普通变量（自变量）之间的数量变动的关系。由回归预测法求出的关系式，叫回归模型。这两种预测法的区别主要有：相关分析法研究的都是随机变量，并且不分自变量与因变量，回归预测法研究的变量则必须确定出自变量与因变量，并且自变量是确定的普遍变量，因变量是随机变量。这两种预测法的联系则表现为：它们二者都是研究现象之间相互依存关系的两个不可分割的方面。在实际工作中，一般先进行相关分析，由相关系数或相关指数的大小决定是否需要进行回归预测。而在相关分析的基础上必须拟合回归模型，以便进行推算、预测。

2 题答：市场现象的因变量与自变量之间必须存在相关关系；市场现象的因变量与自变量之间必须是高度相关；市场现象自变量的预测值必须是精确的，是比较容易取得的。

3 题答：根据市场决策目的确立市场预测的目标，并选择确定影响预测目标的自变量和因变量；进行相关分析；建立回归预测模型；回归预测模型的检验；进行实际预测。

4 题答：回归预测法是以遵循市场预测的因果性原理为前提的，就是通过发现某些对所预测结果有重要影响的因素进行分析，找到预测量和影响因素之间的因果关系，从而推测预测对象随影响因素的变化而发生变化的数值。时间序列预测法侧重于考虑预测目标随时间变化而发生变化和发展情况，其模型一般都是时间的函数。

5 题答：(1)相关系数的取值范围为：$-1<r<1$；(2)相关系数 r 的符号与 b 相同。当 $r>0$ 时，称为正线性相关，这时 y 随 x 增加而成线性增加的趋势。当 $r<0$ 时，称为负线性相关，这时 y 有随 x 增加而成线性减少的趋势；(3)相关系数 r 的绝对值越接近 1，两个变量之间的线性相关程度就越高；反之则越低。当 $r=0$ 时，称完全不线性相关。

6 题答：在实际问题中，有时有两个变量之间并不一定是线性关系，而是某种曲线关系，此种曲线所代表 x 与 y 的相关称为曲线回归，亦即非线性回归。非线性回归预测是指用于预测的回归方程是非线性的。非线性方程的求法，一般是利用变量代换法，使之变成线性函数形式，再用线性回归法进行预测。

7 题答：马尔可夫预测法是以俄国数学家 A・Amarkov 名字命名的一种预测方法。它将时间序列看作一个随机过程，通过对事物不同状态之间转移概率的研究，确定状态变化趋势，以预测事物的未来。马尔可夫预测技术是研究系统的"状态"和状态的"转移"。不需要连续不断的大量历史资料，只需要最近或现在的动态资料就可以预测。

8 题答：灰色预测对数据量的要求不高，更不要求典型的分布，而实践证明其预测精度意外的好，所以不失为一种有特色的预测方法。灰色系统理论能更准确地描述社会经济系统的状态和行为。基于灰色理论的灰色系统预测法主要用于对一些行为效果为已知，而产生行为的原因较模糊或未知的本征性系统的研究。市场就是这样一种系统，对市场变化趋势的预测，有时就是灰色系统预测。灰色系统预测法需要定义灰色系统、灰色变量和构建灰色模型。

9 题答：神经网络的应用已迅速扩展到许多重要领域。一些主要的应用领域有：模式识别与图像处理、控制及优化、金融预测与管理和通信等。

六、计算题

1 题解：

第一步：线性相关分析

将统计学成绩设为因变量，数学成绩设为自变量，根据以上数据资料计算如下：

表 11—1 相关系数计算数据表

序号	y_i	x_i	x_iy_i	x_i^2	y_i^2
1	68	65	4420	4225	4624
2	75	73	5475	5329	5625
3	72	76	5472	5776	5184
4	66	68	4488	4624	4356
5	94	89	8366	7921	8836
6	86	72	6192	5184	7396
7	85	80	6800	6400	7225
8	79	82	6478	6724	6241
9	92	86	7912	7396	8464
10	86	88	7568	7744	7396
合计	803	779	63171	61323	65347

将表 11—1 中数据代入相关系数计算公式得：

$$r=\frac{10\times 63171-779\times 803}{\sqrt{(61323-779^2)(10\times 65347-803^2)}}=0.8298$$

当 $\alpha=5\%$，$n-2=8$ 时，$r_c=0.6319$，相关系数通过显著性检验，因此自变量与因变量之间的现行相关关系具有显著性，可以建立回归预测模型。

第二步：建立回归方程，确定预测模型

$$b=\frac{10\times 63171-803\times 779}{10\times 61323-779^2}=0.97$$

$$a=\frac{803-0.97\times 779}{10}=4.74$$

于是，可得一元线性回归模型为：

$$\hat{y}=4.74+0.97x$$

第三步：利用模型进行预测

将 $x=95$ 代入上述模型，得该学生统计学成绩的预测值为：

$$\hat{y}=4.74+0.97\times 95=96.89\approx 97$$

第四步：对模型进行检验

进行置信区间估计，先计算出置信区间计算表 11—2 所示。

表 11—2 置信区间计算表

序号	y_i	x_i	$\hat{y}_i$	$(y_i-\hat{y}_i)^2$
1	68	65	67.79	0.0441
2	75	73	75.55	0.3025
3	72	76	78.46	41.732
4	66	68	70.7	22.09
5	94	89	91.07	8.5849
6	86	72	74.58	130.42
7	85	80	82.34	7.0756
8	79	82	84.28	27.878
9	92	86	88.16	14.746
10	86	88	90.1	16.81
合计	803	779	803.03	269.68

则有：

$$S=\sqrt{\frac{269.6971}{10-2}}=5.806$$

根据上述对该同学数学成绩为 95 分时，预测出其统计学成绩为 97 分，利用 2S 原则计算置信区间，置信区间为 $y+2S$，即有该同学统计学成绩的区间估计值为 85.4—108.6 之间，置信度为 95%。

2 题解：

第一步：线性相关分析

将个人收入设为自变量，消费支出设为因变量，根据以上数据资料计算如下：

表 11—3 相关系数计算表

序号	年份	y_i	x_i	x_iy_i	x_i^2	y_i^2
1	1998	58	74	4292	5476	3364
2	1999	68	86	5848	7396	4624
3	2000	82	104	8528	10816	6724
4	2001	110	126	13860	15876	12100
5	2002	116	142	16472	20164	13456
6	2003	132	168	22176	28224	17424
7	2004	156	198	30888	39204	24336
8	2005	172	222	38184	49284	29584
9	2006	192	226	43392	51076	36864
合计		1086	1346	183640	227516	148476

将表 11—3 中数据代入相关系数计算公式得：

$$r=\frac{10\times183640-1346\times1086}{\sqrt{(9\times227516-1346^2)(9\times148476-1086^2)}}=0.9928$$

第二步：建立回归方程，确定预测模型

$$b=\frac{9\times183640-1346\times1086}{9\times227516-1346^2}=0.8096$$

$$a=\frac{1086-0.8096\times1346}{9}=-0.411$$

于是，可得一元线性回归模型为：

$$\hat{y}=-0.411+0.8096x$$

第三步：利用模型进行预测

将 $x=250$ 代入上述模型，得 2007 年个人消费支出的预测值为：

$\hat{y}=-0.411+0.8096\times250=201.989$(亿元)

第四步：对预测值的置信区间进行估计

根据所得数据资料计算出置信区间计算表如下所示。

表 11—4　置信区间计算表

序号	y_i	x_i	$\hat{y}_i$	$(y_i-\hat{y}_i)^2$
1	58	74	59.4994	2.2482
2	68	86	69.2146	1.475253
3	82	104	83.7874	3.194799
4	110	126	101.5986	70.58352
5	116	142	114.5522	2.096125
6	132	168	135.6018	12.97296
7	156	198	159.8898	15.13054
8	172	222	179.3202	53.58533
9	192	226	182.5586	89.14003
合计	1086	1346	1086.023	250.4268

将表中数据代入回归标准误差计算公式可得：

$$S=\sqrt{\frac{250.4268}{9-2}}=5.9812$$

利用2S原则计算置信区间，置信区间为 $y+2S$，即有当该地区 2007 年个人收入为 250 亿元时，该地区的个人消费支出的区间估计值为 190.03—213.9515 之间，置信度为 95%。

3 题解：

第一步：线性相关分析

将地区生产总值增长率设为自变量，地方财政收入增长率设为因变量，根据以上数据资料计算如下：

表 11—5 相关系数计算表

序号	年份	y_i	x_i	x_iy_i	x_i^2	y_i^2
1	1997	12.2	10.5	128.1	110.25	148.84
2	1998	14.1	9.67	136.347	93.509	198.81
3	1999	7.19	6.63	47.6697	43.957	51.6961
4	2000	10.6	8.46	89.676	71.572	112.36
5	2001	15.9	8.98	142.782	80.64	252.81
6	2002	7.65	10.3	78.795	106.09	58.5225
7	2003	15.3	11.3	172.89	127.69	234.09
8	2004	14.6	12.7	185.42	161.29	213.16
9	2005	24.3	12.6	306.18	158.76	590.49
10	2006	26.7	13.3	355.11	176.89	712.89
合计	—	148.54	104.44	1642.97	1130.6	2573.67

将表 11—5 中数据代入相关系数计算公式可得：

$$r=\frac{10\times1642.97-104.44\times148.54}{\sqrt{(10\times1130.6-104.44^2)(10\times2573.67-148.54^2)}}=0.7571$$

第二步：建立回归方程，确定预测模型

$$b=\frac{10\times1642.97-104.44\times148.54}{10\times1130.65-101.44^2}=2.297$$

$$a=\frac{148.54-2.297\times104.44}{10}=-9.142$$

于是，可得一元线性回归模型为：

$$\hat{y}=-9.142+2.297x$$

第三步：利用模型进行预测

将 $x=14.6\%$代入上述模型，得 2007 年财政收入的增长率的预测值为：

$$\hat{y}_{2007}=-9.142+2.297\times14.6=24.39\%$$

第四步：对预测值的置信区间进行估计

根据所得数据资料计算出置信区间计算表如下所示。

表 11—6　置信区间计算表

序号	年份	y_i	x_i	$\hat{y}_i$	$(y_i-\hat{y}_i)^2$
1	1997	12.2	10.5	14.977	7.70895
2	1998	14.1	9.67	13.07	1.06092
3	1999	7.19	6.63	6.0871	1.21637
4	2000	10.6	8.46	10.291	0.09572
5	2001	15.9	8.98	11.485	19.4917
6	2002	7.65	10.3	14.517	47.1571
7	2003	15.3	11.3	16.814	2.2925
8	2004	14.6	12.7	20.03	29.4838
9	2005	24.3	12.6	19.8	20.2482
10	2006	26.7	13.3	21.408	28.0042
合计	—	148.54	104.44	148.48	156.759

将表中数据代人回归标准误差公式中得：

$$S=\sqrt{\frac{156.759}{10-2}}=4.427$$

利用 2S 原则计算置信区间，置信区间为 y±2S，即有当该地区 2007 年地区生产总值增长率为 14.6%时，该地区的财政收入的增长率的区间估计值为 15.54%—33.24%之间，置信度为 95%。

4 题解：

第一步：建立二元线性回归模型

令该地区工业增加值为因变量 y，工业总产值为自变量 x_1，流动资产余额为自变量 x_2，根据所给数据资料计算得出回归模型计算表如下所示：

表 11—7　二元线性回归模型计算表

单位：百亿元

序号	y	x_1	x_2	$y-\bar{y}$	$x_1-\bar{x}_1$	$x_2-\bar{x}_2$	x_1^2	x_2^2	x_1x_2	x_1y	x_2y	y^2
1	4.1	12.6	12.7	−2.3	−4.8	−16.3	15772	16037	15904	5103.6	5146	1651
2	4.3	12	13.1	−2.1	−5.4	−16.1	14416	17099	15700	5126.9	5584	1823
3	4.1	12.5	12.8	−2.3	−4.9	−16.3	15616	16263	15936	5065.5	5169	1643
4	5	13.4	12.5	−1.3	−4	−15.4	17902	15530	16674	6698	6238	2506
5	5.6	14.7	13.6	−0.7	−2.7	−14.7	21514	18616	20012	8245.2	7670	3160
6	5.9	16.1	14	−0.4	−1.3	−14.4	25914	19476	22465	9529.7	8262	3505
7	7.8	19.2	13	1.46	1.77	−12.6	36706	16957	24948	14948	10160	6087
8	9	24.9	16.1	2.69	7.49	−11.3	61928	25908	40055	22471	14534	8154
9	11	31.3	18.5	4.99	13.9	−9.03	97738	34059	57696	35428	20914	12842
合计	57	157	126	50.8	139	36.74	307505	179944	229391	112616	83677	41371

$$b_1=\frac{112616\times179944-83677\times229391}{307505\times179944-229391^2}=0.492$$

$$b_2=\frac{83677\times307505-112616\times3229391}{307505\times179944-229391^2}=-0.403$$

$$a=6.344-0.492\times17.39+0.403\times14.01=3.44$$

即有二元线性回归预测模型为：

$$\hat{y}=3.44+0.492x_1-0.403x_2$$

第二步：运用模型进行预测。

$$\hat{y}=3.44+0.492\times3866-0.403\times2300=13.19(\text{百亿元})$$

因此，当2007年四川省工业总产值为3866亿元，流动资产余额为2300亿元时，工业增加值为1319亿元。

5题解：

第一步：建立二元线性回归模型

令该公司每年的利润为因变量 y，甲产品产量为自变量 x_1，甲产品促销费为自变量 x_2，根据所给数据资料计算得出回归模型计算表11－8所示。

$$b_1=\frac{906.5\times639.18-2355\times241.44}{92.82\times639.18-241.44^2}=6.24$$

$$b_2=\frac{2355\times92.82-906.5\times241.44}{92.82\times639.18-241.44^2}=5.86$$

$$a=32.6-6.24\times3.35-5.86\times8.925=-40.56$$

即有二元线性回归预测模型为：

$$\hat{y}=-40.56+6.24x_1+5.86x_2$$

第二步：运用模型进行预测。

$$\hat{y}=-40.56+6.24\times3.4+5.86\times10.8=43.9(\text{万元})$$

当下年度甲产品产量为3.4万件，甲产品促销费用为10.8万元时，该公司的利润为43.9万元。

6题解：

第一步：执行【工具】菜单中的【数据分析】指令，弹出【分析工具】对话框。

第二步：选择【回归】选项，弹出【回归】对话框，并输入相应的数据信息，如图11－1所示。

表 11－8　二元线性回归模型计算表

序号	y	x_1	x_2	$y-\bar{y}$	$x_1-\bar{x}_1$	$x_2-\bar{x}_2$	x_1^2	x_2^2	x_1x_2	x_1y	x_2y	y^2
1	26	2.9	8.4	−6.63	−0.45	−0.525	8.41	70.56	24.36	75.4	218.4	676
2	25	2.6	8.2	−7.63	−0.75	−0.725	6.76	67.24	21.32	65	205	625
3	28	2.8	8.6	−4.63	−0.55	−0.325	7.84	73.96	24.08	78.4	240.8	784
4	29	3	8.8	−3.63	−0.35	−0.125	9	77.44	26.4	87	255.2	841
5	32	3.2	9.1	−0.63	−0.15	0.175	10.24	82.81	29.12	102.4	291.2	1024
6	36	3.8	9.2	3.37	0.45	0.275	14.44	84.64	34.96	136.8	331.2	1296
7	40	4.2	9.3	7.37	0.85	0.375	17.64	86.49	39.06	168	372	1600
8	45	4.3	9.8	12.37	0.95	0.875	18.49	96.04	42.14	193.5	441	2025
合计	261	26.8	71.4	—	—	—	92.82	639.18	241.44	906.5	2355	8871

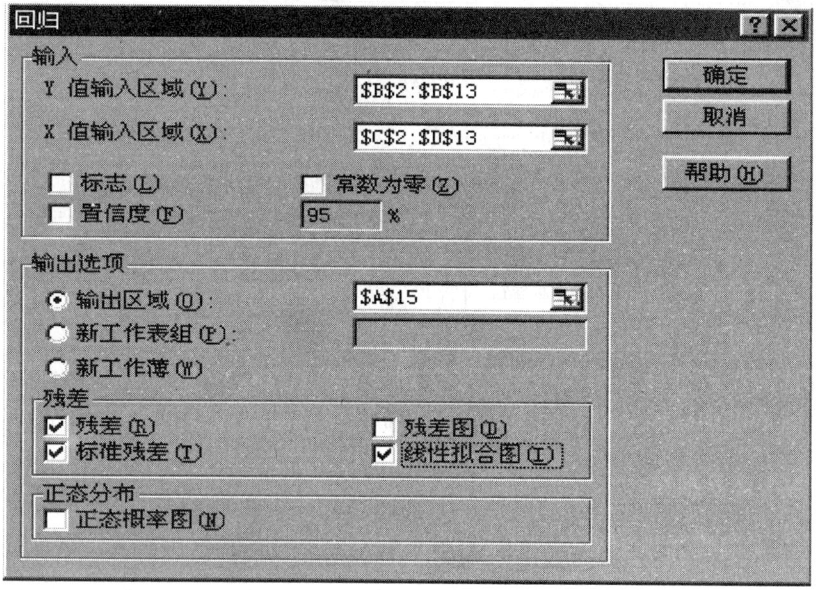

图 11—1　回归对话框

第三步:单击【确定】按钮,得到本例的回归结果如图 11—2 和 11—3 所示。

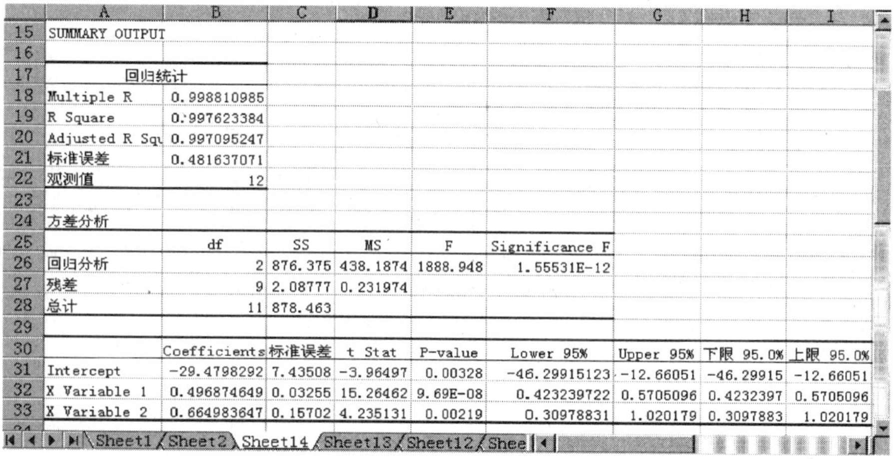

	A	B	C	D	E	F	G	H	I
15	SUMMARY OUTPUT								
16									
17	回归统计								
18	Multiple R	0.998810985							
19	R Square	0.997623384							
20	Adjusted R Squ	0.997095247							
21	标准误差	0.481637071							
22	观测值	12							
23									
24	方差分析								
25		df	SS	MS	F	Significance F			
26	回归分析	2	876.375	438.1874	1888.948	1.55531E-12			
27	残差	9	2.08777	0.231974					
28	总计	11	878.463						
29									
30		Coefficients	标准误差	t Stat	P-value	Lower 95%	Upper 95%	下限 95.0%	上限 95.0%
31	Intercept	-29.4798292	7.43508	-3.96497	0.00328	-46.29915123	-12.66051	-46.29915	-12.66051
32	X Variable 1	0.496874649	0.03255	15.26462	9.69E-08	0.423239722	0.5705096	0.4232397	0.5705096
33	X Variable 2	0.664983647	0.15702	4.235131	0.00219	0.30978831	1.020179	0.3097883	1.020179

Sheet1 / Sheet2 / Sheet14 / Sheet13 / Sheet12 / Shee

图 11—2　回归结果(一)

RESIDUAL OUTPUT

观测值	预测 Y	残差	标准残差
1	8.584566	0.4154	0.95358
2	9.447554	0.0524	0.12038
3	10.32033	-0.32	-0.7353
4	11.28934	-0.689	-1.5823
5	12.59638	-0.196	-0.4508
6	15.3776	0.8224	1.88772
7	17.62907	0.0709	0.1628
8	20.18532	-0.085	-0.1958
9	21.75096	0.049	0.11258
10	25.11513	0.1849	0.42435
11	31.96407	-0.664	-1.5243
12	35.63967	0.3603	0.8271

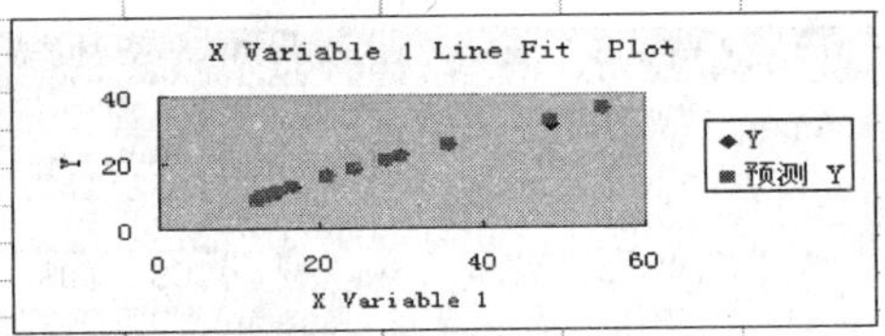

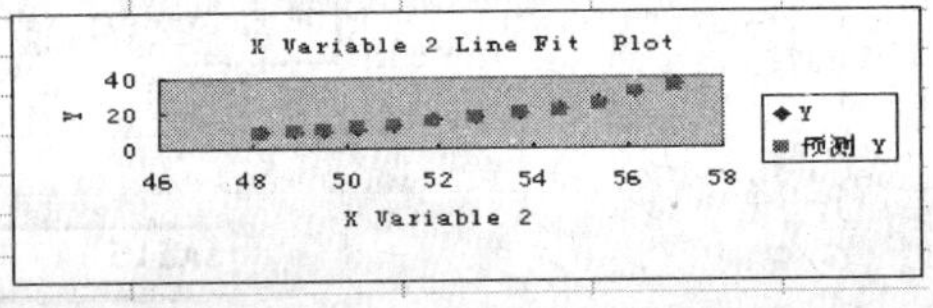

图 11－3　回归结果(二)

第四步：根据回归结果(一)和(二)，可得：

(1)回归方程如下：

$$\hat{Y}=-29.479829+0.496875X_1+0.664984X_2$$

其中，$a=-29.479829, b_1=0.496875, b_2=0.664984$。

(2)R 检验。$R=0.998811$，当 $\alpha=0.05, n-k=12-3=9$ 时，$R_{0.05}(9)=0.69$，说明相关关系显著。

(3)F 检验。$F=1888.95$，当 $\alpha=0.05$ 时，$F_{0.05}(3-1,12-3)=4.26$，说明回归效果非常显著。且，残差为：$\sum e_i^2=2.08777$，扰动项方差为：$s^2=0.231974$。

(4)t 检验。$s=0.481637$，a，b_1，b_2 的标准误差分别为：

$$S_a=7.435075454,\ S_{b_1}=0.032550732,\ S_{b_2}=0.157016087$$

t 统计量为：$t_1=-0.70913, t_2=2.916971, t_3=7.868761$

当 $\alpha=0.05$ 时，$t_{\frac{0.05}{2}}(12-3)=2.26$，因为 t_1、t_2 和 t_3 的绝对值均大于 2.26，显然参数估计值通过 t 检验，在统计上是显著的，可以认为国内生产总值和国家人口数对我国最终消费支出额有显著影响。并得：a, b_1, b_2 的置信区间分别为：$-46.2992<a<-12.6605$，$0.42324<b_2<0.57051$，$0.309788<b_3<1.020179$

(5)DW 检验。

$$DW=\frac{\sum_{i=2}^{n}(e_i-e_{i-1})^2}{\sum_{i=1}^{n}e_i^2}=1.955939058$$

当 $\alpha=0.05$ 时，$k=3$，$n=12$，查 DW 检验表，因为 DW 检验表中样本容量 n 最低为 15，故取 $d_L=0.82$，$d_U=1.75$，即 DW 统计量在 $d_U=1.75<DW=1.955939058<4-d_U=2.25$ 之间。检验结果表明回归模型不存在自相关。

综合以上可得结论：该回归模型为一个较优良的回归模型，可以用来预测。

(6)进行预测。

将国民收入使用额 $X_1=67$ 和平均人口数 $X_2=58$ 代入回归模型，求得消费基金的估计值为 $\hat{Y}=42.379824$，预测区间为：

$$41.291324<Y<43.46832$$

第十二章

市场调查分析报告

指点迷津

一、学习目的和要求

通过本章的学习和训练，应当掌握市场调查分析报告的基本特点和结构以及口头报告的基本特点与要领，能够撰写简单的市场调查分析报告。

1. 了解市场调查分析报告的意义
2. 认识市场调查分析报告的特点
3. 掌握市场调查分析报告的结构
4. 熟悉市场调查分析报告的写作特点和要求
5. 了解市场调查分析口头报告的特点
6. 熟悉市场调查分析口头报告的要领

二、本章重点

1. 市场调查分析报告的结构
2. 市场调查分析报告的写作
3. 市场调查分析口头报告的要领

三、本章难点

1. 市场调查分析报告的写作
2. 市场调查分析口头报告

脉络框架

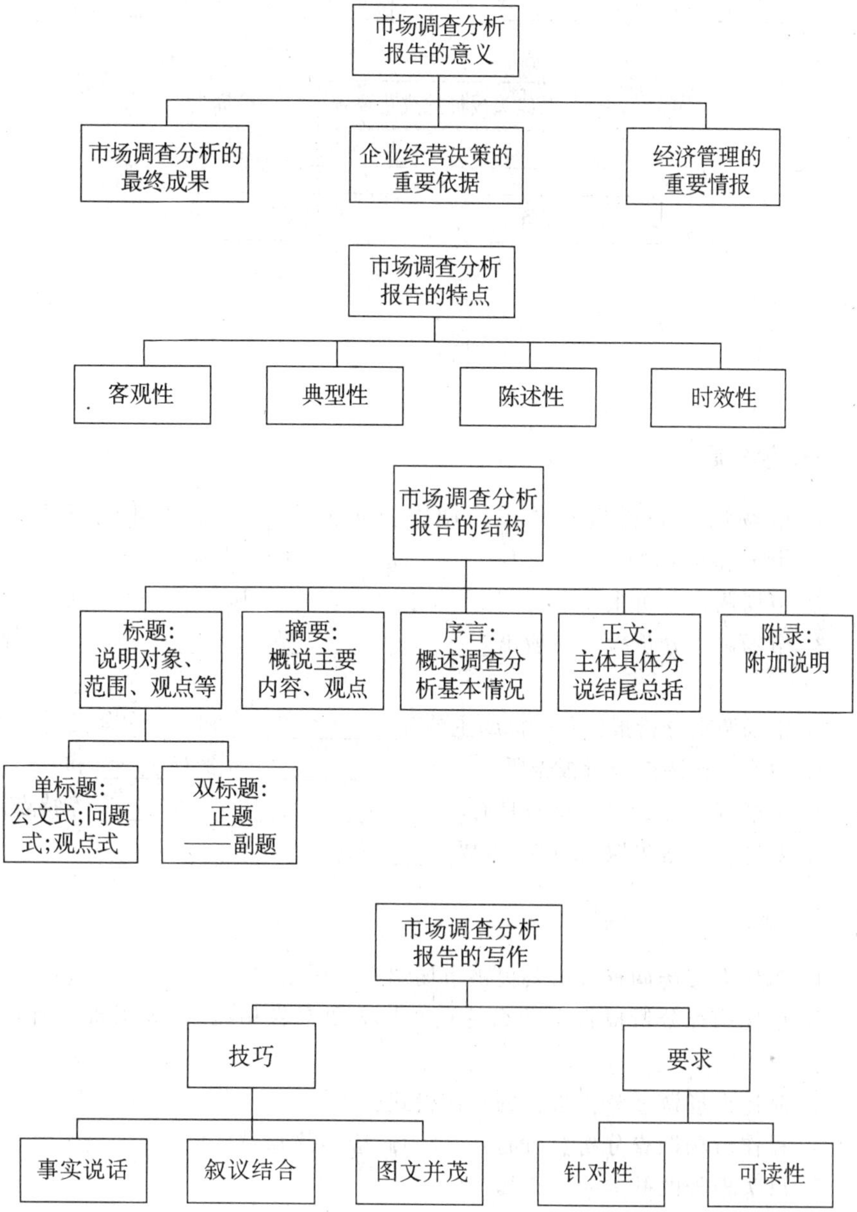
市场调查分析报告的意义
市场调查分析的最终成果
企业经营决策的重要依据
经济管理的重要情报
市场调查分析报告的特点
客观性
典型性
陈述性
时效性
市场调查分析报告的结构
标题：说明对象、范围、观点等
摘要：概说主要内容、观点
序言：概述调查分析基本情况
正文：主体具体分说结尾总括
附录：附加说明
单标题：公文式；问题式；观点式
双标题：正题——副题
市场调查分析报告的写作
技巧
要求
事实说话
叙议结合
图文并茂
针对性
可读性

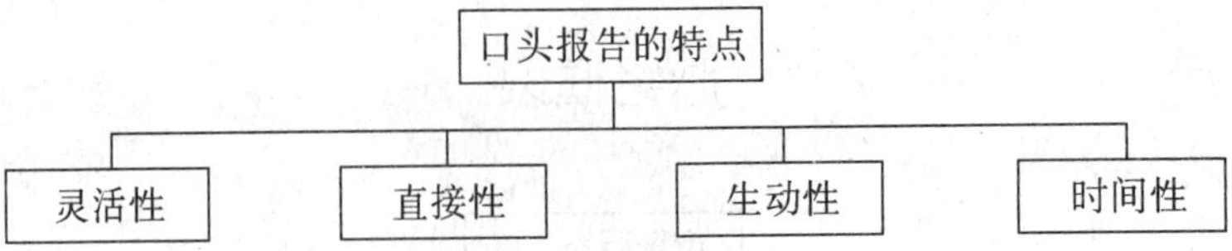

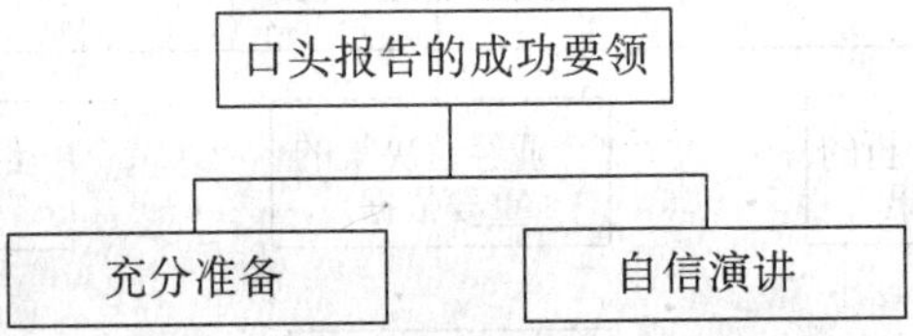

习题练兵

一、填空题

1. 市场调查分析报告是市场调查分析的______，是企业经营决策的______，是经济管理的______。

2. 市场调查分析报告具有______、______、______和______等特点。

3. 市场调查分析报告一般由______、______、______、______和______等部分构成。

4. 市场调查分析报告单行标题主要有______、______和______等几种写法。

5. 写作市场调查分析报告要______、______、______，要有______和______。

6. 市场调查分析口头报告具有______、______、______和______等特点。

7. 要想口头报告取得成功，需要______和______。

二、简答题

1. 为什么市场调查分析要提供市场调查分析报告？

2. 市场调查分析报告有什么特点？与书面报告相比，口头报告又有什么特点？

3. 简述市场调查分析报告的写作格式。

4. 写作市场调查分析报告有什么技巧，应当注意哪些问题？

5. 口头报告的基本要领有哪些？

三、修改以下市场调查分析报告的标题

1. 金融产品成为家庭理财的热选，居民投资选择多元化

2. 京沪渝三地城市居民家庭消费倾向调查
——物价持续上涨但投资热度不减

3. 饮用水进入品牌消费时代桶装水成市场宠儿
——对我市上半年饮用水市场的调查

四、为以下市场调查分析报告中的段落拟写观点句

1. 2007 年 2 月，我国美容品或化妆品及护肤品进口数量为 896,680.00 千克，用汇 24,325,228.00 美元，用汇金额与上年同期相比，增长了 33.49%；我国美容品或化妆品及护肤品的出口数量为 6,614,779.00 千克，创汇 51,117,465.00 美元，创汇金额比上年同期增长了 73.90%。

2. 分析资料显示，消费者购买住宅的目的，最为主要的是在够住的基础上改善居住条件，占 33.2%；其次为享有宁静、优美、舒适的生活环境的，占的比例为 26.8%；解决基本生活需要的，占 18.4%；出于投资或用于出租目的的，占 4.8%。

3. 2008 年第 1 季度中国数码相机市场最受关注的 15 大品牌，佳能夺得三成以上市场份额，关注比例达到 31.6%。索尼紧随其后，分占四分之一以上市场关注度。虽然尼康夺得三甲，但是关注比例与索尼仍有一倍以上的悬殊。三星以 7.2%的关注比例排名第四。富士、柯达、奥林巴斯分别以 4.3%、4.2%、3.9%的关注比例在排行榜上处于第六至第八的位置。理光与卡西欧关注比例不足 2 个百分点，分别处于排行榜第九和第十的位置。国产厂商爱国者以 1.3%的关注比例排名十一位，略高于宾得。明基、GE 通用电气与三洋关注比例均在 1 个百分点以内，其他未上榜的品牌累计关注比例仅为 0.14%。

4. 本次调查涉及的 24 家厂商中，有 21 家厂商的 94 款产品的价格出现不同程度下调。其中，海信表现最为突出，有 12 款产品降价。三星、飞利浦分别有 8 款产品降价。厦华、LG、索尼、TCL、东芝、夏新、长虹这 7 家厂商降价产品在 5—7 款之间。其他厂商有 34 款产品出现降价。降幅最高的海尔 L52A18—A 达到 7000 元。降价产品数量最多的为 10001～15000 元价位段，降价产品数量为 27 款。其次为 5001～8000 元价位段，有 21 款降价。再次为 8000～10000 元价位段，降价产品数量为 15 款。

五、对下列市场调查材料进行简要分析，各写一段陈述分析文字

1. 下图为 Z 市房产投资者选择房产类型的调查结果资料：

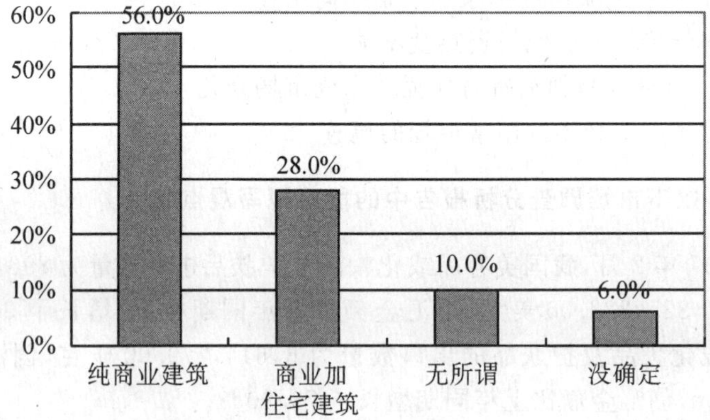

2. 下图是某地博民第一次上网的年份调查结果：

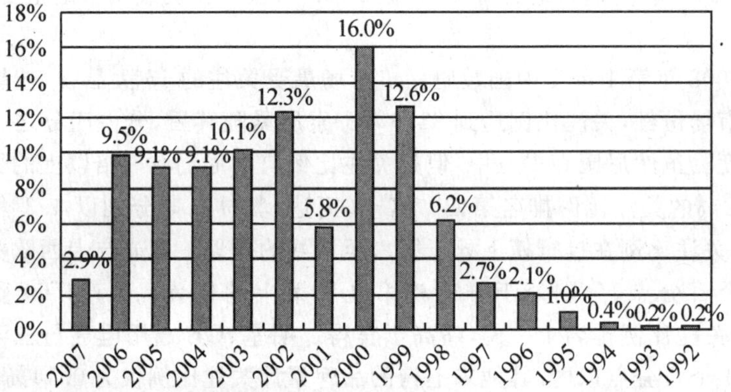

3. 下图是某市消费者购车影响因素的调查结果：

六、综合训练

圆点市场咨询有限公司于 2007 年 5 月，通过问卷调查方式对 ZZ 市房地产区域发展状况进行了调查分析。此次调查发放样本 130 份，回收 130 份，有效样本 124 份。

下面是该公司根据调查整理数据绘制的部分图表：

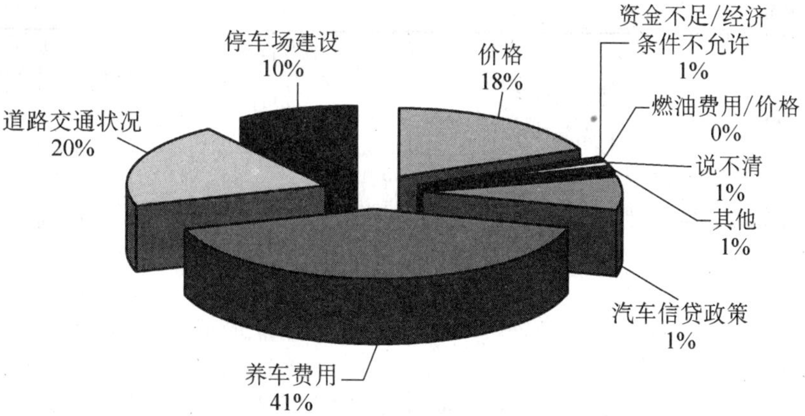

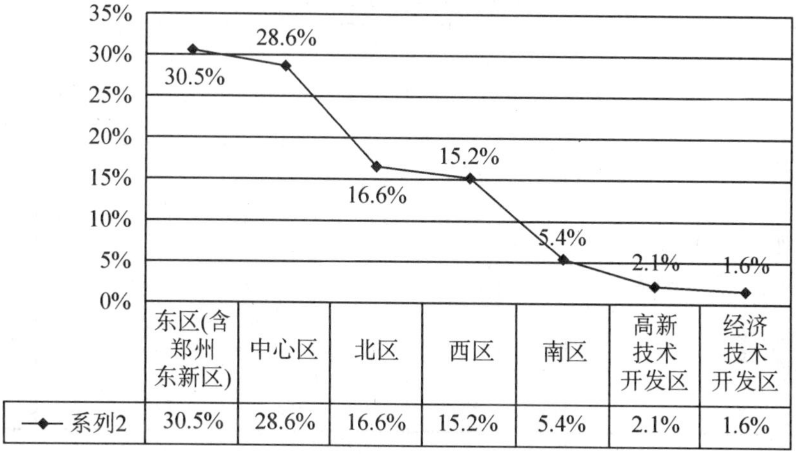

图 12—1　消费者购房首选区域情况

表 12—1　消费者购房首选区域的选择原因(一)

选择原因	选择区域						
	东区(含郑东新区)	中心区	北区	西区	南区	高新区	经济区
该区发展前景好	17.9%	4.24%	2.5%	1.32%	0.4%	0.12%	0.84%
该区房价比较适合我	1.43%	2.82%	0.64%	0.66%	1.4%	0.25%	
该区整体环境比较好	5.0%	3.53%	3.51%	3.63%	0.8%	0.12%	0.14%
我喜欢该区的人文环境	2.38%	1.77%	3.10%	1.65%	1.2%	0.50%	0.21%

续表

选择原因	选择区域						
	东区（含郑东新区）	中心区	北区	西区	南区	高新区	经济区
该区是行政区比较安全	0.71%	1.77%	0.48%				0.14%
该区交通状况好	1.19%	6.71%	0.96%	1.98%	0.8%	0.12%	
在该区住惯了不想换	1.67%	7.06%	4.0%	4.95%	0.8%	0.74%	0.21%
该区有好的学校						0.12%	
上班方便	0.24%	0.70%	1.41%	0.66%		0.12%	0.07%
对该区比较熟悉				0.33%			
total	30.5%	28.6%	16.6%	15.2%	5.4%	2.1%	1.6%

表 12－2　消费者购房首选区域的选择原因(二)

选择原因	选择区域						
	东区（含郑东新区）	中心区	北区	西区	南区	高新区	经济区
解决基本居住需要	16.4%	28.1%	31.3%	28.1%	37.8%	41.0%	39.6%
在够住的基础上改善居住条件	9.5%	17.5%	16.5%	27.5%	27.5%	8.9%	9.4%
想买一套有档次的住宅	20.7%	22.2%	12.1%	14.3%	10.1%	6.4%	6.7%
想有宁静优美舒适的生活环境	26.1%	10.1%	21.2%	11.7%	13.9%	26.1%	22.2%
投资或出租	27.3%	22.2%	18.9%	18.4%	10.7%	17.6%	22.2%

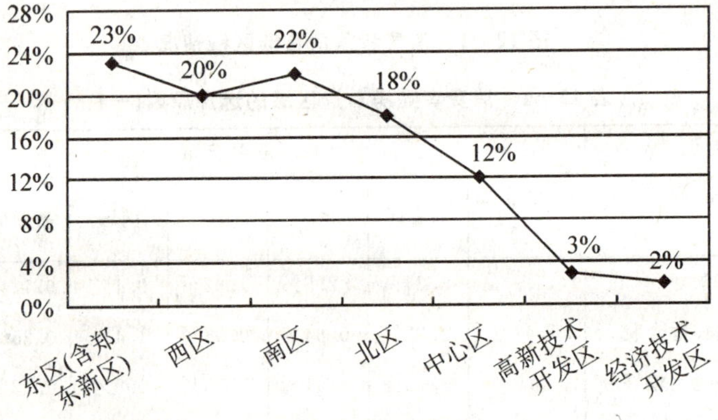

图 12－2　ZZ 市规划新建住房各区域比例

请根据上述材料，写作一篇简短的市场调查分析报告，并在班上做口头报告。

参考答案

一、填空题

1. 最终成果　　重要依据　　重要情报
2. 客观性　　典型性　　陈述性　　实效性
3. 标题　　摘要　　序言　　正文　　附录
4. 公文式　　问题式　　观点式
5. 事实说话　　叙议结合　　图文并茂　　针对性　　可读性
6. 灵活性　　直接性　　生动性　　时间性
7. 准备充分　　演讲自信

二、简答题

1. 市场调查分析报告是市场调查的最终成果，是企业经营决策的重要依据，是经济管理的重要情报。

2. 市场调查分析报告具有客观性、典型性、陈述性、时效性的特点，而口头报告则具有灵活性、直接性、生动性和时间性等特点。

3. 市场调查分析报告一般由标题、摘要、序言、正文和附录等部分构成。而标题可用单标题、也可用双标题。正文包括主体和结尾两个小部分。

4. 写作市场调查分析报告要用事实说话、叙议结合、图文并茂，要注意针对性和可读性。

5. 口头报告的基本要领主要有充分准备，自信演讲。

三、修改以下市场调查分析报告的标题

1. 居民投资多元化，金融产品成热选

2. 物价上涨不停，投资热度不减

——对京沪渝三地城市居民家庭消费倾向的调查

3. 饮用水讲品牌消费桶装水成市场宠儿

——对我市上半年饮用水市场的调查

四、为以下市场调查分析报告中的段落拟写观点句

1. 我国美容化妆类产品进出两旺
2. 六成消费者买房是为住得更好
3. 数码相机品牌日货最受关注
4. 电视产品大面积降价

五、对下列市场调查材料进行简要分析，各写一段陈述分析文字（略）

六、综合训练（略）

案例精粹

物价持续走高　食品一路领涨

——2007年珠海市居民消费价格情况分析

2007年我市物价持续走高：上半年温和上涨，下半年涨势明显加快，全年居民消费价格总指数累计上涨4.0%。其中，服务项目价格上涨2.0%，消费品价格上涨4.8%。扣除食品和能源影响，核心价格指数上涨1.0%。珠海物价总指数高于全省平均水平（3.7%），低于深圳、中山，在珠三角地区排行第三。

一、八大类商品和服务价格总体呈现“六升二降”的格局

构成居民消费价格总指数的八大类商品和服务价格呈现出“六升二降”的基本格局，结构性上涨特点明显。其中，食品价格上涨10.3%，医疗保健和个人用品涨5.2%，居住涨4.7%，烟酒及用品涨1.3%，家庭设备用品及维修服务涨1.2%，衣着涨0.6%；交通和通信下降2.3%，娱乐教育文化用品及服务下降1.1%。见图1。

二、上半年稳中有升，下半年升势加快，全年呈持续上涨、居高不下的特征

承接上年走势，2007年珠海物价继续上扬，全年各月指数均处于上涨通道。其中，5月涨幅最低，为1.4%；11月涨幅最高，达6.8%；共有8个月超过3.5%警戒线，其中第四季度各月均在6%以上。3月开始物价涨幅有所回落，5月食品价格暂时回落使得同比指数走到全年最低点。5月底物价再次抬头，于

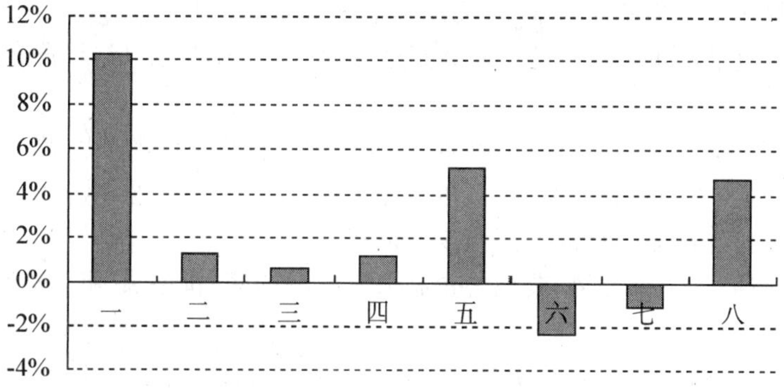

图 1　2007 年居民消费价格总指数构成

说明：一、食品；二、烟酒及用品；三、衣着；四、家庭设备用品及服务；五、医疗保键和个人用品；六、交通和通信；七、娱乐教育文化用品及服务；八、居住

6 月开始大幅攀升，8、9 两个月高位企稳，第三季度径直上扬，至全年累计上涨 4%，呈现出持续而快速的上涨特征。见下图 2。

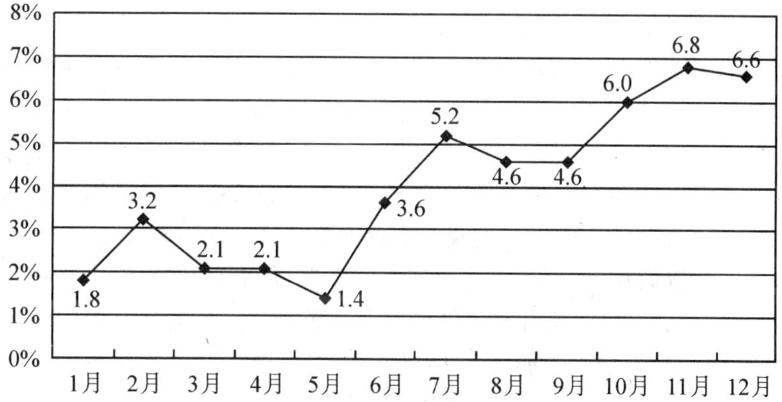

图 2　2007 年居民消费价格各月同比指数

三、食品、居住、医疗保健成为拉动我市物价上涨的三大主力

食品、居住、医疗保健价格涨幅最大，对物价总水平的拉动作用也最强。

(一)食品价格步步走高，拉动我市居民消费价格总指数上涨 3.19 个百分点，成为全年物价上涨的领头羊。

食品价格一直居高不下，6、7 月份开始大幅攀升，下半年比去年同期上涨

14%，涨幅比上半年高出 7.5 个百分点，全年累计上涨 10.3%。

第一，食品涨价带有普遍性。构成食品的 16 个小类有 15 个涨价，只有糖价略降。

第二，肉禽及其制品价格大幅攀升，成为食品价格上涨的最大源泉，拉动食品价格上涨 6.4 个百分点。其中，猪肉涨价最为突出，全年累计上涨 43.54%；牛、羊、鸡、鸭等商品价格的上涨幅度也都超过 10%。

第三、油脂、干鲜瓜果、菜也为食品涨价推波助澜，价格分别上涨 18.81%、16.56%和 11.85%。

（二）居住价格全年累计上涨 4.69%，拉动总指数上涨 0.75 个百分点，成为导致我市物价上涨的又一重大因素。

1. 近两年来房地产价格涨声一片，带动建房及装修价格节节上升。建房及装修材料价格全年累计上涨 4.19%，其中胶合板价格上涨 15.17%，玻璃价格上涨 7.47%；房屋维护修理费用上涨 7.71%。房价上涨也催高了房租，加上外来人口增加，珠海租房价格上涨 8.99%。

2. 国家多次提高房屋贷款利率，对物价影响明显。2007 年我市房屋贷款利率累计上涨 7.43%，拉动居民消费价格总指数上涨 0.13 个百分点。

3. 国际原油价格一涨再涨，导致液化气价格居高不下，并一再突破我市历史最高价位。15 公斤瓶装气于 11 月达到 120 元/瓶，全年累计上涨 6%，拉动总指数上涨 0.12 个百分点。

（三）医疗保健和个人用品价格上涨 5.22%，拉动我市居民消费价格总指数上涨 0.47 个百分点，成为引发我市物价上涨的第三大因素。

在国家政策调控下，部分医药价格有所降低，但总体仍然上涨，医疗保健价格全年累计上涨 7.3%，成为推动我市物价上涨的又一个重要因素。

首先，中药材价格上涨明显，催动医疗保健价格上涨。去年中药材价格各月涨幅均超过 10%，5、6 月开始大幅攀升，下半年平均上涨近九成，全年累计上涨 52.98%。

其次，部分西药及医疗服务项目价格有较大幅度上调。例如，抗微生物药价上涨 15.65%，呼吸系统用药上涨 4.77%，注射费上涨 6.68%，理疗费上涨 10.96%，普通护理费上涨 12.68%。

此外，汽油、柴油、驾驶证培训考试、汽车保险、黄金首饰、信件邮寄、家庭服务、健身活动等项目的价格也有较大升幅。

四、部分商品和服务价格下降，对我市物价总水平起到一定平抑作用

抽样调查资料显示，交通和通信价格全年累计下降2.25%，拉动居民消费价格总指数下降0.38个百分点，其中交通和通信工具价格下降是主要影响因素。交通工具累计下降6.5%，主要是汽车价格下降；通信工具累计下降13.77%，主要是移动电话机价格下降。此外，机票价格经常打折，全年累计下降10.15%。

娱乐教育文化用品及服务价格的下降，也在一定程度上阻滞了物价上涨的速度。据统计，娱乐教育文化用品及服务价格累计下降1.14%，拉动总指数下降0.16个百分点，其中文娱用耐用消费品价格下降是主因。例如，电视机下降6.81%，摄像机下降6.51%，照相机下降6.49%，电脑下降3.08%。

总而言之，2007年我市物价跌少涨多，总体上涨。由于流动性过剩、成本推进、消费者预期、国际环境等因素影响短时期内难以消除，有的还有加剧的可能，估计明年物价会继续保持一定幅度的上涨。目前，食用油、牛奶、啤酒等已经拉开涨价序幕，燃气价格又再创历史新高(121元/瓶)，预计2008年居民消费价格总指数前期继续走高，中后期在政策作用下涨幅可能有所回落，全年将出现先扬后抑、高位企稳的走势。

(摘自珠海统计信息网 http://www.stats-zh.gov.cn)